U0906056

華中科技大學出版社
http://press.hust.edu.cn
中国·武汉

前言 Preface

欢迎你踏上这场奇妙的历史文化之旅——一次穿越时间和空间，与文物对话的机会。在这套图书中，我们将带你走进10座极富特色的中国博物馆，一窥那些见证历史沧桑、承载文明智慧的国宝。

每一座博物馆都是一座宝库，不仅收藏着数不清的历史珍品与艺术精品，更蕴含着无尽的知识和故事。在这些博物馆宁静的大厅里，时间似乎停滞了。古代工匠们的智慧和才能，历史的波澜和变迁，使得每一件展品都鲜活起来，等待着我们去发现和了解。

从甘肃省博物馆的历史厚重到首都博物馆的皇家气韵，从成都博物馆的天府风采到广东省博物馆的岭南风情，从布达拉宫的神秘庄严到敦煌博物馆的视觉震撼，从殷墟博物馆的商代遗迹到秦始皇帝陵博物院的兵马雄风，再到中国丝绸博物馆、新疆维吾尔自治区博物馆的地域特色，本套图书将为你开启一扇时光之门，带你走进一处处国家宝藏胜地。

我们深知，以一套书的有限篇幅，无法完整展现每座博物馆所有重要的国宝。于是，我们从文物的历史和文化价值、工艺水平、独特性与创新性，以及社会知名度和影响力等多方面综合考量，精心挑选了每座博物馆的20～24件最具代表性的珍贵文物。它们有的是各自博物馆的镇馆之宝，有的是某个时代的历史见证。此外，为了让读者更清晰地对文物进行了解和比较，我们将文物按不同类型来介绍。通过这些文物，读者不仅能欣赏到数千年间的艺术瑰宝，更能深入探索中华文明的发展脉络，体会历史的深度与厚重。

你即将翻阅的是广东省博物馆分册。馆内瑰宝闪耀似繁星，勾勒出岭南大地的多元文化，其中精选的藏品将带你回溯往昔，沉醉于粤文化的魅力之中。这里的每件文物皆沉淀着时光的记忆，展现古代岭南人的智慧与才情。从精美绝伦的潮州木雕到巧夺天工的石湾陶塑，从海上丝绸之路的见证文物到古朴典雅的陶瓷器，它们是历史的倾诉，是文化的律动，吸引着你走进博物馆，与历史相拥，与文化共鸣。

我们相信，这不仅是一次认知和学习的过程，更是一次心灵和情感的旅行。我们希望，这套图书能够激起你对历史的好奇心，唤起你对传统文化的尊重和保护，更希望这趟文化之旅成为你心中宝贵的记忆。

目录 Contents

博物馆概况

广东省博物馆（Guangdong Museum）是广东省唯一的一座省级综合性博物馆、首批国家一级博物馆、中央地方共建国家级重点博物馆。现有珠江新城馆区和文明路馆区，珠江新城馆区分为历史馆、自然馆、艺术馆和临展馆四大部分；文明路馆区包括广州鲁迅纪念馆、中国国民党第一次全国代表大会旧址和广东贡院明远楼。广东省博物馆是展现岭南文化与自然风貌的重要窗口和粤港澳大湾区重要的文化旅游地标。

位置与规模

广东省博物馆主馆位于广东省广州市天河区珠江东路2号，博物馆建筑总面积7.7万平方米，年均接待观众超过400万人次。珠江新城新馆总占地面积6.7万平方米，分为地下一层和地上五层，主要配置有展馆、藏品保藏系统、教育服务设施、业务科研设施，还有安防、公共服务、综合管理系统等。

筹备创立期（1957—1959年）

广东省博物馆旧馆馆址在广州市文明路，除广州鲁迅纪念馆外，还辖有全国重点文物保护单位——国民党“一大”旧址（含革命广场）和广东省文物保护单位——红楼等。旧馆占地面积4.3万平方米，陈列大楼原设计呈“U”形，有主楼及南北副楼，规划建筑面积约1.4万平方米，1959年上半年面积3500平方米的南副楼建成，主楼和北副楼因经济困难未能建成。

发展历程

1957年，广东省博物馆开始筹建。1959年10月1日，广东省博物馆及其所辖的广州鲁迅纪念馆正式对外开放。改革开放后，在原址启动新陈列大楼建设工程，1992年大楼竣工。2003年，省委、省政府决定兴建新馆。新馆坐落于珠江新城，彰显岭南文化与馆藏水平。

○ 稳步发展期（1959—1988年）

1959年10月1日，广东省博物馆及其所辖的广州鲁迅纪念馆正式对外开放。改革开放后的广东省博物馆为满足人们的文化需求，在文物收藏、研究和展示等方面不断发展。但随着时代发展，原有的场馆设施逐渐难以满足需求，博物馆决定在原址上建设新的陈列大楼。

○ 改革建设期（1988—2003年）

1992年新陈列大楼落成，总建筑面积约1.9万平方米，其中新建陈列大楼约1.2万平方米，陈列面积达6000平方米，为原楼的4倍。2003年，广东省委、省政府决定投资8.842亿元兴建广东省博物馆新馆，将其列为省重点文化建设项目和建设文化大省三大标志性文化设施之一，以顺应全国博物馆建设热潮和广东省博物馆自身发展需求。

广东省博物馆藏品数量众多，品类繁杂，涵盖了化石、陶瓷器、书画、端砚、木雕等门类。国内最早的专业化海洋出水文物保护实验室也建于馆内，该实验室承担着『南海Ⅰ号』『南澳Ⅰ号』等国家重大水下考古发掘项目的出水文物保护工作，在海洋出水文物保护领域处于领先地位。

跨越腾飞期（2003 年至今）

2004年12月，广东省博物馆新馆在珠江新城中心区南部的文化艺术广场奠基，2010年建成。新馆功能更加完备、陈列展览更加丰富，成为广州地区重要的旅游观光场所。

新馆的建筑设计从传统文化与岭南特色文化中汲取灵感，外观设计理念源于传统漆盒，空间概念借鉴广东传统的工艺品——象牙球，整体创意是“绿色飘带上盛满珍宝的容器”。同时，广东省博物馆围绕“学术粤博”，搭建《文博学刊》《艺术与民俗》两大高水平期刊交流平台；博物馆还开设“粤博讲座”，举办丰富多彩的文化艺术讲座活动。

广东省博物馆的馆藏汇聚岭南文物之精华，涵盖历史、自然、艺术、革命等多种类别，是华南地区藏品数量最多、品类最丰富、特色最突出的博物馆。截至2023年，馆内藏品总数为32万余件（套），珍贵文物数20754件（套），一级文物数量430件（套）。其中，古代书画与陶瓷这两类文物的数量和质量位居全国博物馆前列，外销艺术品、出水文物、华侨文物、潮州木雕、端砚等特色文物藏品更是在全国独占鳌头。

馆藏精品文物包括广东信宜出土的西周兽面纹青铜盉、《国家宝藏》第二季最终入驻特展的民国金漆木雕大神龛、目前所知国内博物馆馆藏最大的玉钮——元白玉镂雕龙穿牡丹盖钮、“南海Ⅰ号”出水文物宋金项饰，以及以“白切鸡”为造型的广宁玉雕，等等。

近二十年，广东省博物馆积极开展藏品征集与研究工作，并取得了丰硕成果，全方位地展现了岭南地区的工艺特色、海洋贸易及文化交流等情况。近年来，广东省博物馆秉持“五个粤博”发展理念，在多领域协同发展，连续多年在文博界最高展览评比中获奖，在助力广东文化强省建设，传播广东、大湾区与中国故事等方面做出了重要贡献。

广东省博物馆展览丰富。常设展览有回溯广东历史脉络的『广东历史文化陈列』，呈现自然矿物与植物的『广东省自然资源展览』，还有聚焦潮州木雕、历代陶瓷、端砚艺术的专题展。馆内还会举办各类临时展览，也有线上虚拟展览，以满足不同观众的需求。

基本陈列

广东省博物馆有五个常设展览，分别是“广东历史文化陈列”“粤山秀水 丰物岭南——广东省自然资源展览”“漆木精华——潮州木雕艺术展览”“土火之艺——馆藏历代陶瓷展览”和“紫石凝英——端砚艺术展览”。

○ 广东历史文化陈列

展厅面积超4000平方米，按时间顺序设置有“南粤源流”“扬帆世界”“继往开来”“粤海烽火”四个篇章，共展出1500多件（套）文物及300多张照片，呈现出广东从马坝人到中华人民共和国成立的历史文化变迁，其中猎德龙舟、广州外销壁纸等是该展览的亮点。

○ 粤山秀水 丰物岭南——广东省自然资源展览

展示空间近4000平方米。展览共设七个主题，分别是地质地貌、矿产、宝玉石、中草药、陆生野生动物、海洋生物和古生物。

○ 漆木精华——潮州木雕艺术展览

展览分为源流、制作、艺术、器用、欣赏五个篇章，共展出200多件（套）木雕实物，多角度地展现了木雕制品在潮汕民间传统社会生活中的陈设应用与文化意蕴。

○ 土火之艺——馆藏历代陶瓷展览

展览按中国陶瓷发展历程，分为“初见窑火——陶器的起源与瓷器的滥觞”“瓷国崛起——陶瓷的发展期”“各领风骚——陶瓷的鼎盛期”“南国明珠——广东陶瓷的发展历程”四个部分，以馆内陶瓷文物为基础，展示了从新石器时代至清代，中国陶瓷从诞生、发展到繁荣的历史进程。

○ 紫石凝英——端砚艺术展览

展示面积超600平方米，展出近200方馆藏端砚。展览内容由“砚林回溯”“石质粹美”“神工鬼斧”“镌诗题铭”四部分展开，围绕历史价值、艺术价值、文化内涵三个主题，深入浅出地讲述端砚艺术。

临时展览与对外交流展

除了基本陈列以外，广东省博物馆还会举办多个临时展览，例如“璀璨时光——清代广钟精品展”“共饮一江水——长江流域青铜文明特展”等，为观众提供更丰富的观展体验。此外，广东省博物馆还借助广州作为通商口岸的优势，举办了多个引进展，如与埃里温历史博物馆合作的“亚美尼亚18—20世纪文化瑰宝展”，与那不勒斯国立考古博物馆携手合作的“罗马帝国的艺术——那不勒斯国立考古博物馆藏文物精品展”，以及与中国文物交流中心、英国维多利亚与艾尔伯特博物馆合作推出的“指间栩栩——威廉·莫里斯带领下的英国工艺美术运动”特展等。

数字化展览

广东省博物馆的数字化展览形式丰富多样。通过官网的“虚拟展览”端口，观众能了解展览资讯，回顾往期展览，还能浏览精品馆藏文物。另外，官方小程序还推出“虚拟策展人”活动，观众可从“藏品列表”中挑选展品，结合“电子图录”的专业解读，体验策展乐趣。一些展览还会加入多媒体展示，例如“天下有情人——《西厢记》文化展”借助纱幕投影、互动游戏等方式，打造出沉浸式体验与互动空间，使观众能深度参与其中。

4层

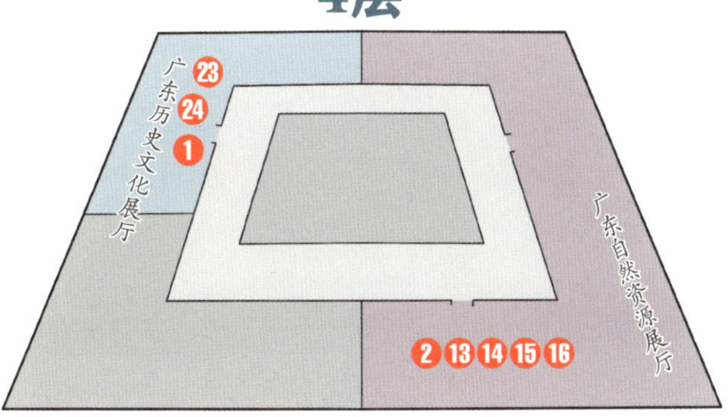

3夹层

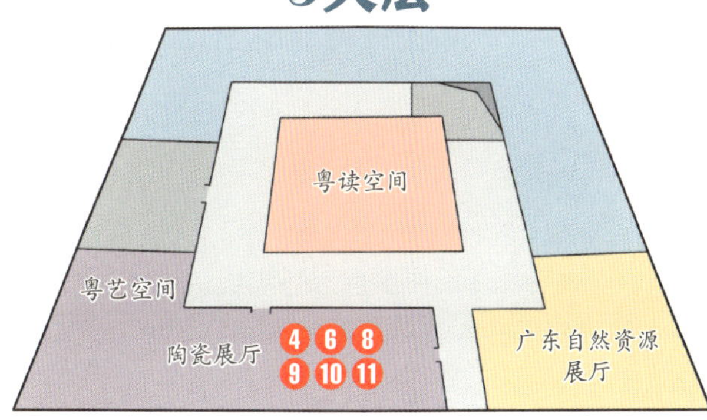

3层

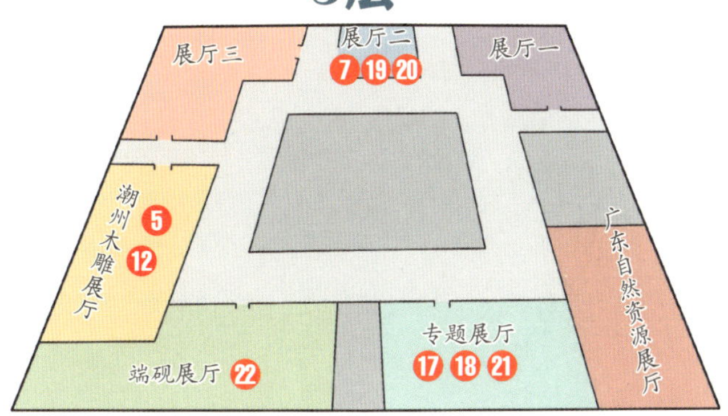

2夹层

2层

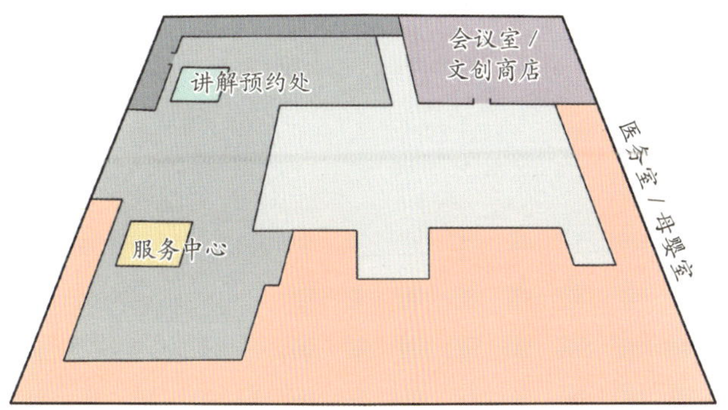

1层

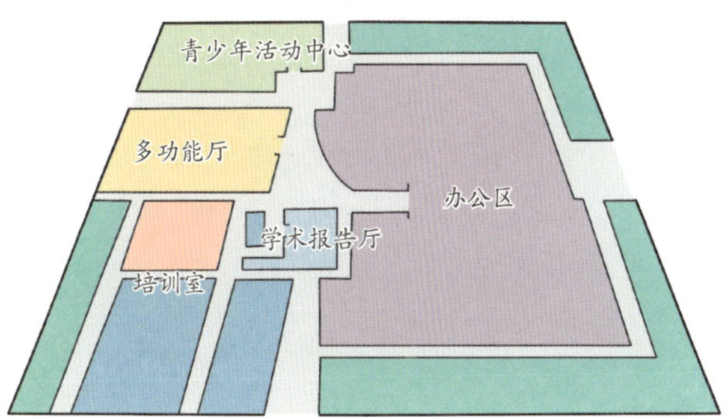

1. 兽面纹青铜盉
2. 广宁玉雕
3. 白玉镂雕龙穿牡丹盖钮
4. 德化窑张寿山塑负书罗汉像
5. 金漆木雕大神龛
6. 青釉堆贴人物鸟兽谷仓
7. 钧窑玫瑰紫斑连座双耳瓶
8. 景德镇窑青花人物纹玉壶春瓶
9. 海康窑釉下褐彩凤鸟纹荷叶盖罐
10. 石湾窑陶塑金丝猫
11. 广彩人物纹潘趣碗
12. 金漆木雕人物花卉嵌书画小围屏
13. 象牙雕“五羊仙子贺八景”摆件
14. 岫玉百鸟朝凤子母球
15. 水晶透雕松树纹扁瓶
16. 贝雕人物集市图
17. 陈容《墨龙图轴》
18. 行书《陋室铭》卷
19. 芙蓉翠鸟扇页
20. 华嵒《金屋春深图轴》
21. 《拜月图轴》
22. 端石千金猴王砚
23. 金项饰
24. 象牙茜红骨牙片贴面人物开光绘岭南风光扇

注意 本书中的文物所在位置是以作者当前写作阶段和以前特展时的文物位置为参考标注的，由于各博物馆经常会有临时特展或巡回展，所以无法保证文物位置固定不变，请各位读者知晓，以实际的参观情形为准。另外，一些珍贵的书画等文物平时都收在库房里，只有举办特展或是巡回展时才展出，因此不能代表当前所在位置。

镇馆之宝

兽面纹青铜盉

广宁玉雕

白玉镂雕龙穿牡丹盖钮

德化窑张寿山塑负书罗汉像

金漆木雕大神龛

兽面纹青铜盉

岭南地区的『神秘孤品』

这件青铜盉器身由内外两层组成，内层为盛酒的容器，外层为装饰性的套筒。整个器身近似圆筒形，腹部略鼓，底部有三足支撑。青铜盉上的兽面纹以变形夸张的方式呈现。顶部和腹部各有一个龙头，眼睛圆睁，仰首微伸，给人以威严神秘之感。通体纹饰布局严谨对称，线条流畅有力，似波澜般循环往复、自由流淌。

这件青铜盉器型独特，最夺目的便是顶部与腹部伸出的龙头。两个龙头均向前端伸展，使得青铜盉有一种不平衡之感。盉顶为蟠龙盖钮，龙体蜿蜒盘踞，鳞片细腻可辨。腹部龙头的功能为流管，其上阴刻线条，双耳直立，与普遍所见的龙头形状有所区别，更为小巧，两个龙头的搭配呼应更显趣味无穷。

龙纹

夔龙纹

斜角雷纹

夔龙纹

饕餮纹

盉身纹饰繁缛精美，盉顶盖部环饰龙纹，颈中部饰有一周夔龙纹，肩部则饰以斜角雷纹，腹部以裆为界，划分出清晰的装饰区域。每足之上，云纹巧妙构成饕餮纹，饕餮纹之间又巧妙穿插夔龙纹。这些纹饰均为浅浮雕或阴刻，展现出高超的青铜艺术造诣。

国宝名称：兽面纹青铜盉
所属年代：西周
材　　质：青铜

这件兽面纹青铜盉，通高26.6厘米，口径14.2厘米。

这件文物1974年出土于广东信宜，是广东地区首次发现的西周青铜器，它不仅填补了该地区历史文物的空白，证实了岭南地区与中原文化的早期交流，而且为研究岭南地区秦汉以前的文化面貌提供了宝贵的实物证据。该文物出土时仅此一件，且窖坑位于山顶，未发现墓葬或其他遗存，推测可能为祭祀埋藏或紧急藏匿。器表装饰有典型的西周早期风格的兽面纹，纹饰繁缛精致，三足分裆结构既稳固又便于加热，展现了古代工匠的智慧。

鋬手部分的设计尤为独特，由两条镂空夔龙巧妙结合，并与盉身相连，既美观又实用，饕餮纹和夔龙纹的眼部也明显突出，浮于器身表面，有效强化了视觉冲击力，展现出当时青铜铸造技术的高超水平。

广宁玉雕

广东人最爱的『白切鸡』

广宁玉以细腻的质地和温润如蜡的光泽著称，色彩斑斓，尤以绿、黄、白三色为主，其中绿、黄二色之玉更是价值连城。这件以白切鸡为造型的玉雕作品，巧妙地融合了珍贵的黄色玉与绿色玉，不仅材质珍稀、色彩温润，而且在玉雕大师的匠心独运下，展现出逼真的视觉效果，体现出高超的技艺。

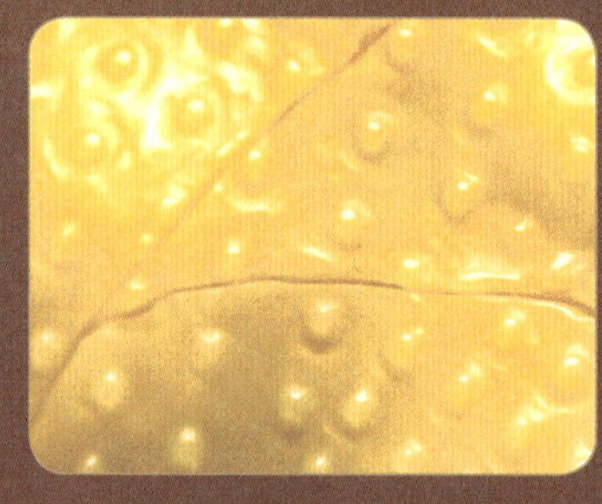

温润的光泽使得“白切鸡”看上去油光水滑，令人垂涎欲滴。

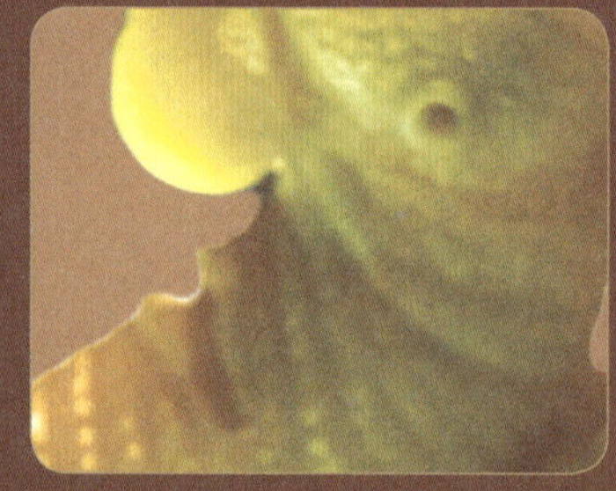

脖子上鸡皮的毛孔相较身体上的更为细小。

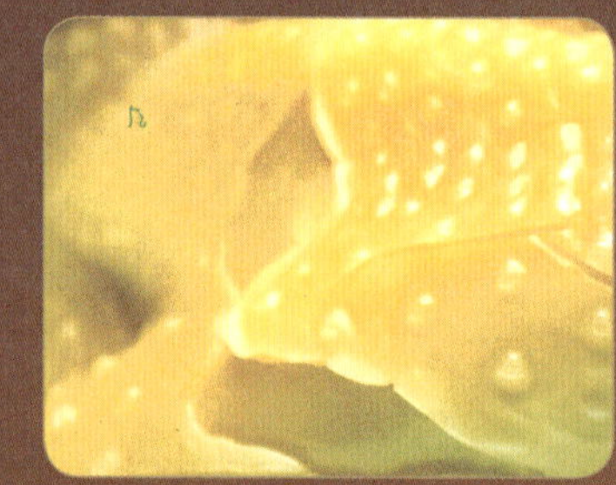

白切鸡在煮熟后，需要快速放入冰水中浸泡。这个过程使得鸡皮迅速收缩，由于过于紧致而迸裂形成多处“缺口”。

国宝名称：广宁玉雕
所属年代：不详
材　　质：玉

这件文物以温润易刻、色彩瑰丽的广宁玉为材，广宁玉是广东四大玉石之一。玉雕大师的技艺巧夺天工，将白切鸡栩栩如生地雕琢于玉石之上，玉雕历经岁月的洗礼仍光彩熠熠。鸡身轮廓饱满圆润，肌理细腻，人似乎能触摸到鸡肉的嫩滑。

最令人惊叹的是匠人对鸡皮的刻画，纹理清晰，连细小毛孔都雕琢得惟妙惟肖。此玉雕不仅是工艺品，更是广东饮食文化的生动缩影。它是现实中的名菜白切鸡在玉雕艺术中的完美展现，体现了艺术源于生活又高于生活。

这件玉雕捕捉到了将白切鸡烹饪至极致的瞬间——鸡皮因充分浸润而显得饱满欲裂，仿佛能听见那瞬间迸裂时清脆悦耳的“啪”响，紧接着，香气仿佛穿越时空扑鼻而来。鸡皮表面的细微毛孔清晰可见，鸡腿肉质饱满，令人垂涎三尺。

鸡爪塞入腹腔

器物小知识

用途多样的玉器

中国玉器的历史源远流长，其起源可追溯至遥远的旧石器时代晚期。在千年的历史长河里，中国人出于对玉的喜爱创造出了一件又一件令人惊叹的玉器作品，既有用作礼器的玉琮、用于装饰的玉佩，也有日常生活中使用的玉杯、文房用具等。让我们一起来欣赏一下吧。

多节玉琮（新石器时代，台北故宫博物院）

神秘肃穆的玉琮

这件玉琮造型规整，具有庄重、神秘、内敛的气质，其内圆外方的外形，包含了史前先民朴素的宇宙观，即“天圆地方”。玉琮中间的射孔象征着贯通天地，表达了先民想通过这件器物与天地沟通的愿望。

龙凤呈祥的玉佩

这件玉佩构图为龙凤结合，龙小而凤大。凤鸟与夔龙身上饰有连绵规整的勾连云纹，雕工精细，线条刚劲。工匠用高度概括的笔触刻画了凤羽、龙鳞，颇得其神，增强了立体感、层次感与动感。

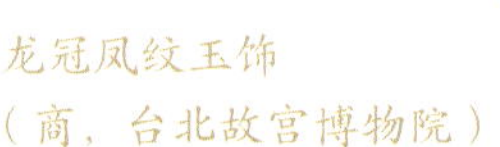
龙冠凤纹玉饰（商，台北故宫博物院）

造型独特的玉角形杯

这件玉角形杯为西汉早期所制，造型独特，呈倒立的角形，这种形状在汉代玉器中并不常见，很可能是在汉代丝绸之路畅通的背景下受到欧亚草原文化影响的产物。

龙凤纹玉角形杯（汉，台北故宫博物院）

沉稳深邃的墨玉笔山

这款文房雅器以墨玉雕琢而成，黑白中蕴含着淡淡的灰调，这独特的灰调源自玉体上自然散布的大片灰黑色斑纹，使整器显得古朴深邃。笔山指的是山形笔架，可用于书写或绘画间隙暂时搁置湿笔，以免污损纸墨。

墨玉笔山（南宋至元，台北故宫博物院）

文物里的“鸡”

拓展话题

广宁玉雕“白切鸡”既代表着广宁出色的玉雕工艺，也反映了广东人对鸡的热爱。鸡作为生活中常见的一种家禽，不但频繁出现在我们日常生活中的菜单里，在许多文物中也有它的身影。让我们来看看它在哪些文物中出现过吧。

玉器中的公鸡

这件玉器为公鸡造型，公鸡口衔黍穗，面朝前方，翅膀和尾部刻细碎短纹表示羽毛。公鸡衔黍穗的样式，可能有期盼丰收的吉祥寓意。

玉公鸡（明至清，台北故宫博物院）

珐琅器中的天鸡

天鸡是传说中的神鸟，在古代神话中，天鸡报晓，象征着光明的到来，给人们带来希望和生机。这件器物造型古朴大气，依照古代青铜器天鸡尊的样式打造，通身饰有用掐丝工艺制成的缠枝莲纹及凤纹等纹饰。

掐丝珐琅天鸡尊（清，台北故宫博物院）

斗彩鸡缸杯（明，台北故宫博物院）

瓷器中的鸡

斗彩鸡缸杯是明成化年间的御用酒杯，存世稀少，价值非凡。采用斗彩工艺，胎薄釉莹，色彩淡雅，杯身绘有公鸡偕母鸡领幼雏觅食场景。

雄鸡将雏图（民国，台北故宫博物院）

国画中的雄鸡

此画由齐白石所绘，雄鸡眼神犀利，羽毛以浓墨和彩墨绘就，鸡冠颜色鲜艳，几只雏鸡围绕在雄鸡身旁，稚嫩可爱，与雄鸡形成鲜明对比。

白玉镂雕龙穿牡丹盖钮

国内博物馆中的『钮王』

这件白玉镂雕龙穿牡丹盖钮，高8.4厘米，宽6.8厘米。

它是目前所知国内博物馆馆藏中最大的玉盖钮，十分珍贵罕见。盖钮材质为青白玉，整器呈椭圆柱形，通体采用深层镂通雕工艺，层次丰富，立体感强。其色彩运用巧妙，保留玉皮巧做花卉，利用玉料本身的色泽差异，使作品更具层次感和真实感；图案复杂，布局合理，代表了元代雕刻工艺的最高水准。龙与牡丹的形象被刻画得栩栩如生，展现了元代玉器雕刻的高超技艺和独特风格。

盖钮保留了玉皮，将其雕刻成牡丹，并巧妙利用玉料的自然色泽形成花卉纹饰，体现了“巧色”工艺的精髓。

国宝名称： 白玉镂雕龙穿牡丹盖钮

所属年代： 元

材　　质： 玉

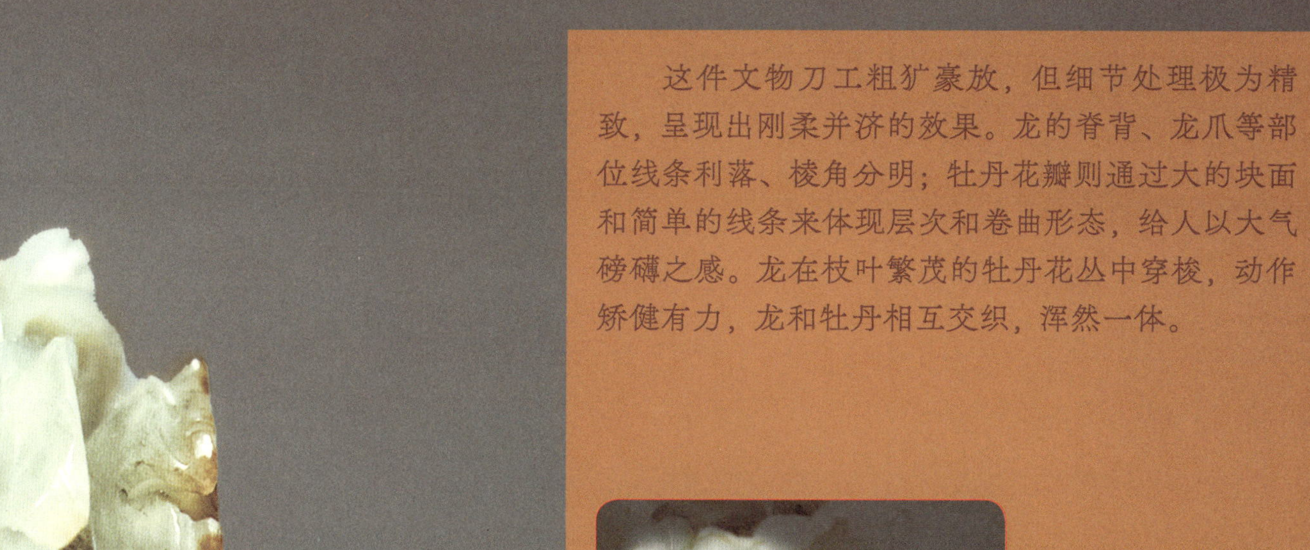

这件文物刀工粗犷豪放，但细节处理极为精致，呈现出刚柔并济的效果。龙的脊背、龙爪等部位线条利落、棱角分明；牡丹花瓣则通过大的块面和简单的线条来体现层次和卷曲形态，给人以大气磅礴之感。龙在枝叶繁茂的牡丹花丛中穿梭，动作矫健有力，龙和牡丹相互交织，浑然一体。

主体为一条五爪双角苍龙，穿行于牡丹花丛中。龙身粗壮有力，龙首双目怒睁，毛发后披，姿态威猛灵动，展现了元代龙饰的典型特征。

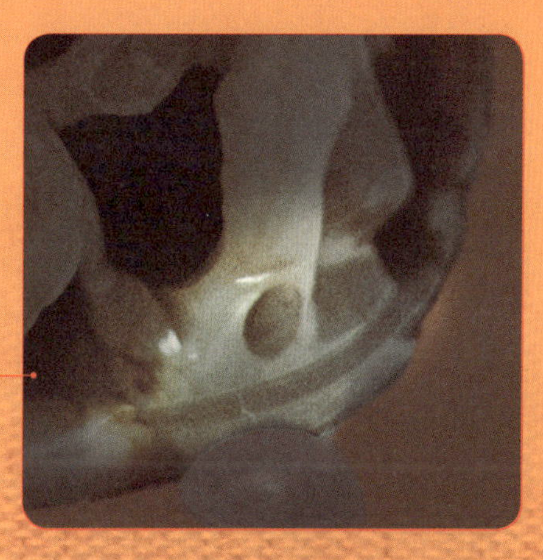

盖钮底部为平底设计，有四个直径约为0.4厘米的小孔，可用于穿绳。

德化窑张寿山塑负书罗汉像

罕见的张寿山传世作品

这件德化窑张寿山塑负书罗汉像通高23厘米。

其通体施乳白色釉，色泽莹润如玉，由明代著名的擅塑罗汉像的瓷塑家张寿山创作。张寿山的传世作品仅有8件，这件负书罗汉像是国内博物馆展出的唯一一件张寿山的作品。其胎体厚重，洁白坚细，呈现出象牙白的细腻质感，代表了明代德化窑瓷塑的高超工艺水平，无论是人物神态的刻画还是衣纹线条的处理，都展现出张寿山精湛的技艺。

国宝名称：德化窑张寿山塑负书罗汉像

所属年代：明

材　　质：瓷

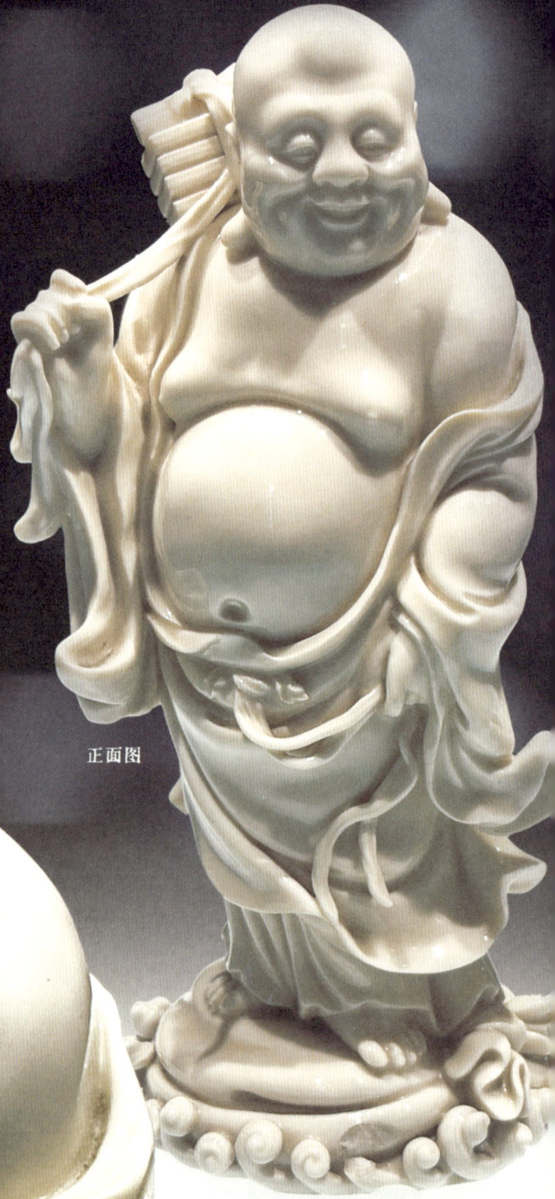

正面图

罗汉光头大耳，双眼眯，口微开，面容丰满、喜笑颜开的神态生动逼真，展现出罗汉的和蔼性格与豁达心境。

这件文物釉面光滑细腻，宛如凝脂，这是德化窑白瓷“猪油白”“象牙白”的典型特征。罗汉造型袒胸露腹，展现出一种自在随性的状态；脚踏浪花，线条流畅灵动，增加了作品的动感与灵韵，使整个罗汉像仿佛置身于广阔的天地之间。

罗汉背面靠近左肩的位置有一葫芦形印，内有阳文篆书“张寿山”三个字。这是作者张寿山的款识，是判断作品归属和真伪的重要依据之一。

背面图

侧面图

小提示

德化窑白瓷兴于唐宋，盛于明清，技艺传承不断，温润典雅，被誉为“世界白瓷之母”“东方艺术珍宝”。其刻花、浮雕装饰融合了工艺与材质之美，捏塑工艺精巧，造型逼真。白瓷釉色如凝脂，透光度极佳，浓淡层次清晰。尤其值得一提的是观音像，自明代起瓷观音像便成为德化瓷雕传统产品代表。

德化窑观音立像（明，广东省博物馆）

金漆木雕大神龛

国内已发现的最大神龛

左边龛门雕“王茂生进酒”的故事，源自经典潮剧。薛仁贵因平定辽东受封平辽王，返乡大宴宾客，其救命恩人王茂生因家境贫寒，无钱买酒，与妻子抬来一瓮汾河水以表祝贺。薛仁贵念及恩情，与王茂生开怀畅饮。木雕清晰地展现了这一场景，构图简洁，层次分明，人物神态稍作夸张，具有很强的戏剧感。

国宝名称：金漆木雕大神龛
所属年代：清
材　　质：木

这件金漆木雕大神龛高达3.28米，是目前所见形制最大的神龛，曾入选《国家宝藏》第二季。它造型古朴典雅，雕刻装饰精美，集潮州木雕的金漆画、镂通雕、浮雕等多种工艺于一身。

龛上人物雕刻细腻，栩栩如生；潮剧场景生动，扣人心弦；花卉雕刻寓意富贵，立于枝头的鸟儿增添生机。两侧门肚分别雕琢“王茂生进酒”“郭子仪祝寿”两个潮剧经典故事。根据神龛上金漆画的落款推测它于1935年在“贻穀祠”制成，20世纪50年代广东省博物馆从民间征集而来。2009年，为修复缺失部件，馆方特邀潮汕木雕艺人用传统工艺将其复原，使其重现辉煌。

这件神龛的两扇龛门由十二部分装饰构成，正背面以及龛内框栏、龛楣、楣栅处，都采用镂通雕工艺，雕刻着花鸟鱼虫、博古炉瓶等丰富题材。龛后壁则绘有金漆画围屏，上部内容为山水、人物、亭台楼阁等，下部描绘的是祥禽瑞兽、瓶花、香炉等。

神龛上面雕刻有“竹报平安”“喜上眉梢”“鹿鹤同春”“鹤寿松龄”等吉祥寓意的图案，还有梅花鹿、仙鹤、喜鹊等动物形象，分别代表着官途顺利、长命百岁、喜讯来临等美好寓意。

小提示

在潮汕地区，神龛是民间用以供奉祖先神位的独特器具。其形制分为大小两类，较大的被称作“神龛”，较小的俗名为“楱仔”。神龛整体造型尽显庄重，制作工艺十分精巧，堪称潮州木雕制品里做工最为考究的一类。从装饰工艺来看，金漆木雕装饰最为普遍，若是用硬木制作，大多采用素雕工艺。

同治七年

馆藏文物

陶瓷器

雕刻

书画

其他文物

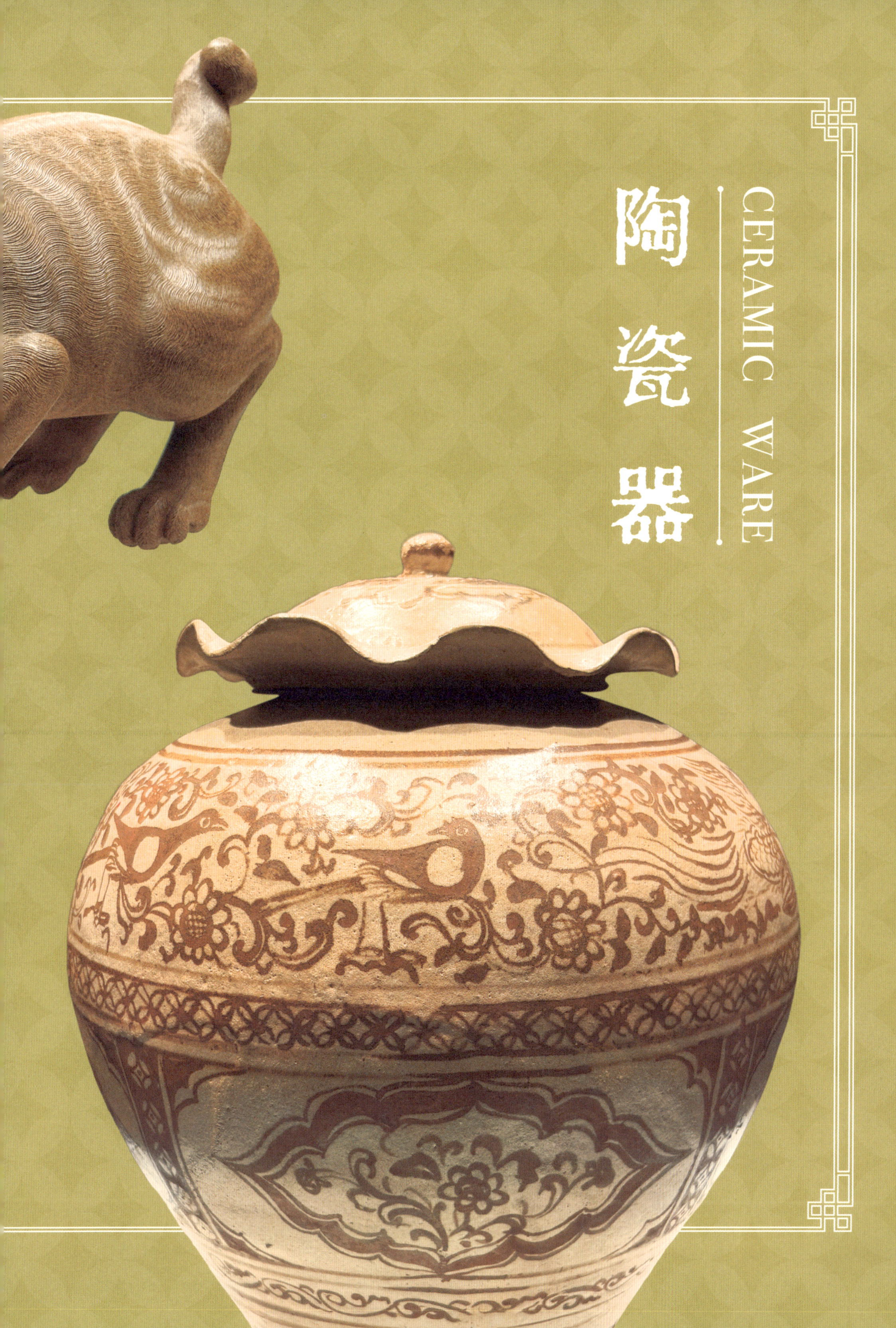

陶瓷器

CERAMIC WARE

青釉堆贴人物鸟兽谷仓

“事死如事生”的丧葬观念

国宝名称：青釉堆贴人物鸟兽谷仓
所属年代：西晋
材　　质：瓷

这件青釉堆贴人物鸟兽谷仓，通高53厘米，底径17厘米。

它是由东汉五联罐演变而来的典型器物。东汉时，五联罐中间一大罐，四周四小罐，腹间互不连通，发展到西晋，谷仓堆塑罐愈发丰富。该文物满施青釉，色泽温润，给人以古朴典雅之感。它运用了多种复杂工艺，通过运用大量亭台楼阁、阙、人物、动物等元素，巧妙地构建出各种场景，体现了当时高超的制瓷与雕塑工艺水平。它见证了当时的社会文化与丧葬习俗的发展与传承，对于研究这一时期的历史、文化、艺术等方面都具有重要的实物参考价值。

小提示

谷仓也称作“魂瓶”“堆塑罐”，属于明器，是一种流行于中国南方地区的随葬器物，源于西汉，兴于三国，盛于宋代，衰于民国。它源于一个古老的传说：伯夷、叔齐劝谏武王伐纣无效而誓死不食周粟，最终饿死于首阳山。人们念其抱节之志，故在陪葬品中放入“五谷囊”，魂瓶随葬的礼俗自此出现。由于其形象与盛储五谷的粮仓有关，故江浙一带多称之为“谷仓”。

该谷仓整体呈罐形，顶部堆贴楼阁、阙、人物、鸟雀，腹部贴塑散点式分布的怪兽，造型独特，器底无釉，灰白胎质，露胎处呈现火石红色，独特而醒目。工匠们在创作时注重细节，从人物神态到动物姿态，从建筑构造到装饰纹理，都精雕细琢，全面生动地呈现了西晋社会生活的奢华与人们对死后世界的想象。

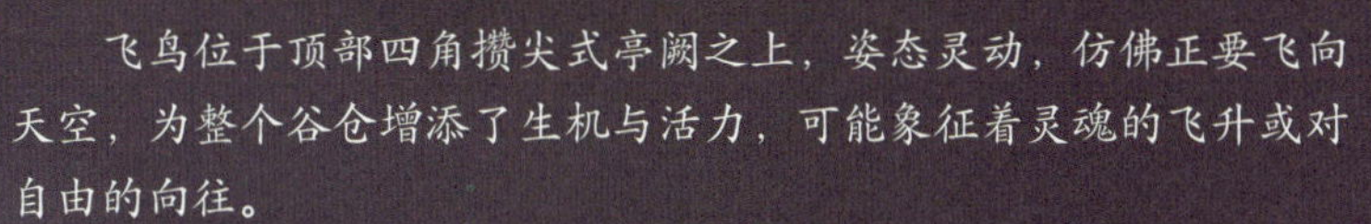

飞鸟位于顶部四角攒尖式亭阙之上，姿态灵动，仿佛正要飞向天空，为整个谷仓增添了生机与活力，可能象征着灵魂的飞升或对自由的向往。

亭台楼阁的雕塑意在着重展现豪门贵族生前歌舞升平、舞乐宴饮的场景，完美诠释了“事死如事生”的理念。从侧面反映了当时的社会阶层和生活方式，是对西晋时期贵族生活的一种生动写照。

折沿下方贴塑人物、楼阁，人物前方有象征着祥瑞的辟邪神兽，能够辟邪驱鬼，守护逝者在另一个世界的安宁。

钧窑玫瑰紫斑连座双耳瓶

梦幻绚丽的钧窑作品

这件钧窑玫瑰紫斑连座双耳瓶，通高20厘米，口径5.6厘米，底径7.3厘米。瓶口为喇叭形，腹部鼓起，圆润饱满；颈部细长，与喇叭口和鼓腹自然衔接，比例协调。底部带有镂空座，镂空的设计增加了器物的通透感和灵动感，使整瓶在稳重中又不失轻盈。瓶身施天蓝釉，釉色纯净淡雅，瓶身泛起多片玫瑰紫斑，在天蓝釉的底色上自然晕染、交融，呈现出梦幻般的效果，每一片紫斑都独一无二。

国宝名称：钧窑玫瑰紫斑连座双耳瓶
所属年代：元
材　　质：瓷

底部露胎处呈浅黄色，胎质较为细腻，表明在制作时对胎土的选择和处理较为精细，体现了钧窑瓷器在胎质方面的较高品质，同时浅黄色的胎体也与蓝紫相间的釉色形成了鲜明的对比，增加了器物的视觉层次感。

国宝放大镜

这件文物造型稳重而不失优雅，敞口设计的瓶口向外扩张，增加了器物的大气之感。颈部纤细修长，与喇叭口过渡自然，圆润的腹部与颈部形成鲜明对比，上收下鼓的曲线让瓶身富有张力和立体感，展现出一种独特的美感。将优美的造型与绚丽的釉色完美结合，既展现了钧窑瓷器的古朴典雅之美，又体现了自然窑变的神奇魅力。

从颈部中央到肩部装有对称的双龙头耳，耳的尾部带有小尖刺，造型简洁质朴，整体呈玫瑰紫色，并带有不规则的小圆斑纹，与瓶身的斑纹相呼应。

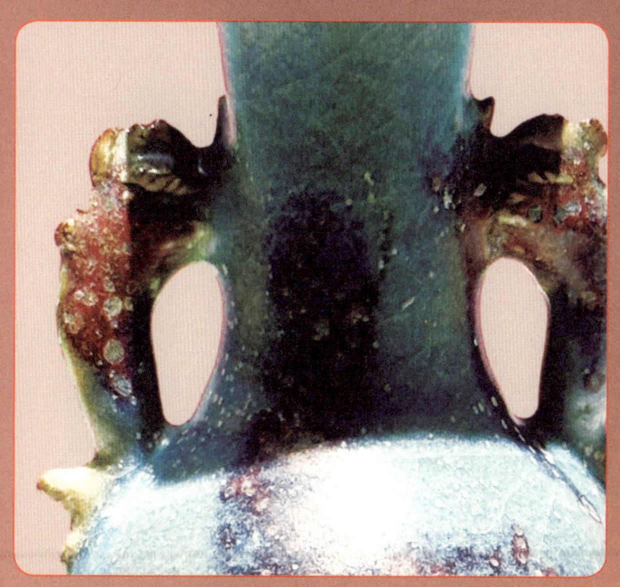

腹部的窑变玫瑰紫斑最为引人注目，色彩鲜艳，艳若彩霞，形状不规则，与天蓝釉交相辉映，宛如星空般梦幻。纯净淡雅的天蓝釉底色完美地衬托了带有细碎开片的玫瑰紫斑，极具艺术感染力。

小提示

高温下，铜元素氧化为氧化铜，呈蓝色。而在富氧环境下，持续烧制会使氧化铜会还原为氧化亚铜，呈红紫色。所以，温度、氧气，甚至烧制时长的变化，都会让窑变颜色变幻莫测。另外，除了铜元素，钧瓷中还含有其它十余种微量元素，它们同样也会发生变化，并产生更多样丰富、更难以捉摸的窑变颜色。

器物小知识

瑰丽的钧窑瓷器釉色

钧窑以“入窑一色，出窑万彩”的窑变现象著称。在烧制过程中，由于窑内温度、气氛等因素的变化，釉料中的金属氧化物会发生不同程度的化学反应，从而形成千变万化、绚丽多彩的釉色和纹理。有的钧窑瓷器还具有独特的乳光效果，这种乳光质感使得瓷器在光线的照射下，呈现出独特的视觉效果，从不同角度观察，釉色会有微妙的变化。下面一起来看看这些漂亮的钧窑杰作都有哪些吧。

钧窑红斑胆瓶（元，苏州博物馆）

鲜艳浓郁的“钧红”

这件钧窑红斑胆瓶造型优美，腹部布满绚丽的不规则窑变红斑，这是著名的“钧红”，犹如天空中的晚霞。钧红釉瓷器是我国出现最早的一种铜红釉品种。

出水观音杯（元，赤峰博物馆）

红中带蓝的酒杯

这件观音杯为红色胎，施天蓝色釉，色彩清新雅致。其设计十分有趣，杯底中空，内置坐式观音像，倒入酒水后，观音会因浮力从圆孔中浮出，既能量酒保证公平，又能通过观音像浮出后的朝向来决定饮酒者，为饮酒增添趣味。

钧窑鼓式瓷洗（宋，青岛市博物馆）

蓝紫相间的鼓式瓷洗

这件瓷洗直口，浅弧腹，整体呈鼓式，平底搭配兽形三足。外口沿下和近底部各有一圈乳钉纹，上圈二十个，下圈十八个。胎体厚实均匀，外壁呈玫瑰紫色，内壁施天蓝色釉，带有蚯蚓走泥纹和桔皮纹。

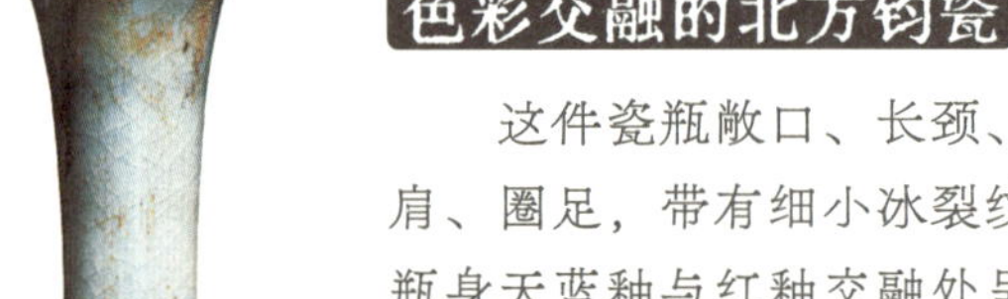

色彩交融的北方钧瓷

这件瓷瓶敞口、长颈、斜肩、圈足，带有细小冰裂纹。瓶身天蓝釉与红釉交融处呈天青色胭脂晕，还点缀几处玫瑰红耀斑。

钧窑瓷瓶（宋至金，淄博市博物馆）

多彩缤纷的瓷器

瓷器的釉色缤纷多彩，由最初黑、白二色发展成“青、赤、黄、白、黑”的五色，随后又衍生出更丰富的颜色，如纯净明艳的娇黄、热烈如火的珊瑚红、深沉的霁蓝等。这些缤纷的色彩在瓷器中大放光彩。看完了前文瑰丽的钧瓷窑变，再来看看多彩缤纷的瓷器釉色吧。

景德镇窑霁蓝釉描金龙凤纹双耳方瓶（清，广东省博物馆）

深沉的霁蓝釉

霁蓝釉色彩幽蓝沉静，光泽明亮润泽。它由元代景德镇窑创烧，也叫“积蓝釉”“宝石蓝釉”，常见于宫廷祭器，所以又称“祭蓝釉”。霁蓝釉瓷用刻花、印花、金彩等方式装饰。这件双耳方瓶就是霁蓝釉瓷的代表作，釉色沉稳，装饰夺目。

尊贵的茄皮紫釉

茄紫是介于暗红与深紫之间的颜色。瓷器中的茄皮紫釉瓷是名品。茄皮紫釉创烧于明弘治时期，釉色分深浅，深似熟透的黑紫茄皮，浅如未熟的淡紫茄皮。这件刻花卉纹碗釉色纯正，紫中透黑，是茄皮紫釉中的上品。

景德镇窑茄皮紫釉刻花卉纹碗（清，广东省博物馆）

俏丽的娇黄釉

明清时，黄釉瓷多是将釉浆浇于高温烧好的瓷胎，再经低温焙烧而成，因此又得名“浇黄釉瓷”。“浇”与“娇”同音，故称其为“娇黄釉瓷”，更凸显其娇嫩莹润。明弘治时期的黄釉瓷釉色鲜嫩均匀，是“娇黄”的代表。后世不断仿烧，按釉色浓淡分为姜黄、蜜蜡黄、鱼子黄、鸡油黄等。

娇黄釉绿彩龙凤纹碗（清，台北故宫博物院）

拓展话题

景德镇窑矾红釉描金蝙蝠形灯盏座（民国，广东省博物馆）

热烈的珊瑚红釉

景德镇窑于清康熙时期成功烧制出珊瑚红釉，这种红釉需先把铁红釉吹于已烧好的白釉器上，再经低温烧成。珊瑚红釉深受明代矾红釉影响，在继承矾红釉的基础上进行了改良，在雍正、乾隆时期盛行，嘉庆及以后也有烧制。这件灯盏座为蝙蝠形，寓意“洪福齐天”。

古朴的茶叶末釉

唐宋时期中国茶文化逐渐兴盛，古人将对茶的喜爱融入到瓷器中，烧出茶叶末瓷。这种瓷属高温黄釉瓷，釉料含镁、铁，经高温还原焰焙烧结晶。这件葫芦瓶釉色黄绿相间，如茶叶末般的颜色，古朴清新，韵味悠长。

景德镇窑“大清乾隆年制”款茶叶末釉绶带耳葫芦瓶（清，广东省博物馆）

景德镇窑青花人物纹玉壶春瓶

罕见的元青花人物纹

国宝名称：	景德镇窑青花人物纹玉壶春瓶
所属年代：	元
材　　质：	瓷

这件景德镇窑青花人物纹玉壶春瓶，高30.3厘米，口径8厘米，底径8.8厘米。

此瓶撇口、长颈、圆腹、圈足，瓶身胎体较薄，局部透光。整体造型优美，线条流畅，比例协调，继承宋代制式又显得厚重饱满。器身纹饰布局严谨、生动活泼。元青花瓷传世作品少，且多绘花草纹饰，人物纹饰十分罕见。该器的发现为研究元青花瓷和绘画艺术等提供了宝贵资料。

这件景德镇窑青花人物纹玉壶春瓶白釉细腻而莹亮，白中泛青，青花色调淡雅，使用国产青料绘制，没有进口颜料的浓艳及黑色斑疵。腹部主题纹饰为“携琴访友”人物故事图，人物神态惟妙惟肖，并以花草、柳枝、山石等作陪衬。上下层的辅助纹饰搭配到位，线条婉转流畅，富有动感，起到了很好的装饰和衔接作用，使瓶身纹饰更加丰富、完整。

瓶口沿绘有一周缠枝花纹。缠枝花纹以藤蔓卷草为基本样式，连绵不绝，线条流畅自然，展现出一种灵动、优美的韵律感。

瓶身以花草、柳枝、山石等作为环境点缀，植物随风摇曳，山石笔锋利落，与人物相互呼应，共同构成了一幅和谐、生动的画面。

画面中人物神态惟妙惟肖，生动地展现出古人携琴访友时的情景，人物的服饰、动作、表情等都刻画得十分细致，仿佛能让人感受到他们当时的心情和氛围。

足部的如意纹与颈部的如意纹相呼应，使整个瓶身的纹饰更加协调统一，也为器物增添了吉祥、美好的寓意。

海康窑釉下褐彩凤鸟纹荷叶盖罐

雷州半岛的杰出之作

国宝名称：海康窑釉下褐彩凤鸟纹荷叶盖罐

所属年代：元

材　　质：瓷

这件海康窑釉下褐彩凤鸟纹荷叶盖罐，通高31.2厘米，口径9.6厘米，底径13.7厘米。

这件文物1957年于海康县（现雷州市）雷城西湖水库元代墓葬出土，因此也有将雷州窑称作海康窑的叫法。其器形端庄稳重，丰肩鼓腹，罐口罩以荷叶形盖。构图严谨，纹饰层次丰富，其精美程度远远超过同时期的雷州窑产品。罐身的纹饰具有浓郁的地方特色，体现了雷州半岛独特的文化内涵，是广东本土窑口陶瓷文化的杰出代表。

罐体为灰胎，质地较为坚实。外壁施青釉，釉色均匀，具有一定的光泽度，使褐彩更加鲜明突出。圆形饼足简洁而坚实，支撑起整个罐体。

盖子为荷叶形，上置宝珠钮，钮下饰宽、窄弦纹带，外绘覆莲瓣纹一周，与罐体相互呼应，造型精美灵动。

这件海康窑釉下褐彩凤鸟纹荷叶盖罐腹部圆润，有较大的容纳空间；下斜收至底部稍外撇，线条流畅自然，增加了罐体的稳定性。整器构图繁而不乱，外壁施青釉，釉下用褐彩绘五层纹饰，将凤鸟、喜鹊、菊花巧妙组合，展现出高超的绘画技艺和艺术表现力。三层主体纹饰间以钱纹、卷草纹、弦纹相隔，起到了很好的分隔和装饰作用，使纹饰更加清晰美观，是古代广东本土窑口罕见的经典之作。

第一层肩部绘对称的双凤四喜雀纹，衬以菊花纹，凤凰与喜鹊形态生动，周围的菊花纹则增添了几分优雅之气。

第二层肩下部衬以一周带状钱纹作为分隔，使纹饰层次更加分明。

小提示

海康窑（雷州窑）位于广东省湛江市雷州半岛，是雷州地区唐代到清代窑址群的统称，与广州西村窑、潮州笔架山窑、佛山石湾窑合称为“广东四大名窑”。它创烧于唐代晚期，宋代兴起，元代极盛，明代停烧，延续千年，是国内存续时间较长的瓷窑之一。雷州窑主要烧制青釉瓷，产品多为碗、碟等日用瓷。史载，唐初此地已大量生产陶瓷制品，是广东古代重要的陶瓷产地。

第三层腹部有四个菱花形开光，内画折枝菊花纹，花朵盛开，枝叶舒展，富有生机。

第四层腹下部绘卷草纹。

第五层用短直线分四格，每格内为椭圆形开光，内绘折枝菊花纹，以简朴的笔法展现出花卉的自然之美。

石湾窑陶塑金丝猫

以假乱真的猫警长

黄炳对猫的瞳孔的细致刻画展现了高超的观察力，他捕捉到了猫在不同情境下的细微变化，用绿釉画出的大圆瞳孔表现了夜间捕猎时猫的神态。

国宝名称：石湾窑陶塑金丝猫
所属年代：清
材　　质：陶

这只石湾窑陶塑金丝猫高12.5厘米，身长22.5厘米。

该文物由清代中后期石湾陶塑名家黄炳所创作。黄炳擅长制作鸟兽和人物，尤精于塑造鸭、猫和猴子。据说由于这只陶塑金丝猫太过逼真，民间甚至流传着老鼠见了它都会仓皇逃走的说法，还有人曾误以为它是假装文物的真猫，可见其技艺之精湛。这件文物通体运用了黄炳自创的“胎毛技法”雕刻毛发，能达到根根分明、以假乱真的细腻效果。

黄炳塑造的这只金丝猫是石湾窑艺术的巅峰之作，体现了清代陶瓷艺术的高超水平。陶塑家黄炳将宋元时期的工笔翎毛技艺融入动物陶塑之中，塑造出逼真而富有光泽的毛发效果。猫背部拱起，双眼圆睁，全神贯注，四爪紧紧抓地，表现了即将一跃而起捕捉猎物的决定性瞬间，充满了紧张感。

黄炳自创的“胎毛技法”，在陶胎八成干时，用刻刀、木、竹等工具逐一刻出动物皮毛，使毛发根根分明。烧制时，选用石湾本地含铁量高的红土，沉淀除杂后加微细瓷土和少量黏土捏塑成型，不施釉，靠泥胎自然色还原动物毛色，效果浑然天成。

小提示

石湾窑“霍津”款牛（清，广东省博物馆）

广东佛山石湾窑历史悠久，明清两代达到鼎盛，所产石湾陶塑享有“石湾瓦，甲天下”的美誉。石湾陶艺中，“胎毛技法”独具特色，以黄炳的猫为典型代表，贴近大众生活，融合文人审美与田园意趣，地方特色浓郁。2006 年，石湾陶塑技艺入选“首批国家级非物质文化遗产名录”。

整只陶塑金丝猫躬身欲扑，双耳竖起，身体后倾，四爪紧绷，背部向上拱起，尾巴柔软灵活地卷起并略微向上翘着，虎视眈眈地紧盯着猎物，与现实中猫咪准备捕猎时的身体姿态一模一样，逼真传神。

侧面图

广彩人物纹潘趣碗

远销海外的大酒碗

国宝名称：广彩人物纹潘趣碗
所属年代：清
材　　质：瓷

这只广彩人物纹潘趣碗直径达53.5厘米。

该器敞口深腹，体量硕大，属于定制瓷器，是19世纪中晚期中国外销广彩瓷器的代表，体现了当时欧洲及阿拉伯地区等对中国广彩瓷器的喜爱和需求，也反映出广彩瓷器根据不同客户需求进行创作的特点。其工艺采用上乘的绘瓷颜料，以大红、大绿、大金等艳丽色调为主，纹饰画面丰富，基本不留白。潘趣碗既具有调制和盛放潘趣酒等饮品的实用功能，又因其精美的绘画和华丽的色彩，具有极高的审美价值，将实用性与艺术性完美结合。

乾隆后期广彩瓷器逐渐出现，在嘉庆、道光时期达到鼎盛，一直延续到清代后期。其特点包括：以清代贵族庭院生活为主题；用色上乘，特别是以本金绘制的金彩，光泽度比普通广彩的金彩更好；绘画精细，人物、花鸟等绘制极为考究。这只广彩人物纹潘趣碗就属于这一类型。

这只广彩人物纹潘趣碗是清代销往海外的瓷碗，作为一种用于调制和盛放潘趣酒的大型容器，其较大的口径便于搅拌和取用酒水，深腹则满足了多人共饮的容量需求。它有着明显的广彩瓷特色：色彩浓艳，其中金彩的运用极为突出；绘画工艺精湛细腻，大面积的装饰画面，使整个碗身呈现出金碧辉煌的效果，尽显奢华。

碗内外壁开光内满绘人物生活场景，风格较为程式化，展现出热闹、欢愉的氛围。人物形象众多，姿态各异，画师们巧妙融合中西绘画技法，既有中国传统工笔画对线条的精妙运用，又吸收了西方绘画中对光影和立体感的表现手法，画面层次丰富、生动逼真。

小提示

潘趣碗，音译自“punch bowl”，也称为宾治碗。它最早出现于17世纪初，18至20世纪，欧洲人因流行私人宴会，在广州和景德镇大量订制潘趣碗，其口径在25～60厘米间，既用于调制果酒，也作家庭洗礼盆，还常被当作新婚礼物。当时，广彩潘趣碗纹饰丰富，有人物、风景、花鸟等。

开光式构图将画面分割成不同区域，使图案更具层次感和独立性，每个开光内的图案都像是一幅独立的小画，组合在一起又形成一幅完整的画面整体。画面还点缀了岭南地区常见的花卉、鸟类，色彩明艳，娇而不媚，鲜艳的纹饰与洁白的瓷胎相互映衬。

器物小知识

富丽堂皇的广彩瓷

清代的广彩瓷诞生于广州，是釉上彩瓷器，又叫“广东彩”“广州织金彩瓷”。它始于康熙年间，由广州工匠对景德镇白瓷二次加工而成。广彩瓷在雍正、乾隆时发展，大量外销，在乾隆、嘉庆时达到鼎盛，流传至今。它色彩浓艳，以红、黄、绿、金为主色，金色的运用独具特色，在不同时期有不同变化；构图紧密，采用满地开光，绘画精细，融合中西技法；器型多样，涵盖日用瓷与陈设瓷，部分具异域风格。广彩瓷在当时主要销往欧美，是欧洲贵族身份的象征，在国内也受达官贵人的青睐。

广彩开光人物纹八棱形瓷盘（清，广东省博物馆）

融汇风格的图案

这件广彩开光人物纹八棱形瓷盘做工精美，盘中心图案为清代人物，圈外的饰带一半为中式风格的花卉、蝴蝶，一半为西洋风格的花纹。盘沿为珊瑚色底衬八个内绘中式田园风景的开光，整器非常精致耐看。

广彩纹章纹镂空双耳高足盖罐（清，广东省博物馆）

造型独特的盖罐

这件盖罐运用了镂空工艺，罐内底部中间绘有西式的纹章图案。纹章图案一般是欧洲王室、贵族的专属标志，将其描绘于瓷器上，是当时欧洲上流社会身份地位的象征。

广彩“撷芳馆制”款十二生肖蛇纹盘（民国，广东省博物馆）

色彩清新的生肖盘

这件十二生肖蛇纹盘一改广彩瓷堆金积玉的华丽风格，整体为清新雅致的翠绿色调。一条描绘细致的蛇从草丛中缓缓爬出，草丛以渐变的色彩表现，盘上方点缀两颗鲜艳的浆果作为点睛之笔。

“洛克菲勒”纹饰的渊源

“洛克菲勒”纹饰于乾隆晚期被用作广彩纹饰。该纹饰的广彩瓷专为皇室贵族订烧，因洛克菲勒家族大量珍藏而得名。其用料精良，边饰大量用金，有油画般的立体透视效果，内边饰多以茄色织鲨鱼皮锦地，间以小型花鸟开光。

广彩洛克菲勒式人物纹汤盅（清，广东省博物馆）

瓷器上的人物纹饰

拓展话题

人物纹饰的题材内容十分丰富，包括神话传说、历史故事、日常生活场景等。不同的人物主题传达出不同的审美观念，能够反映当时的社会风貌和文化习俗，具有极高的艺术价值和文化意义。接下来给大家介绍几个不同主题的人物纹饰瓷器。

浅绛彩仕女花盆（清，台北故宫博物院）

唯美的仕女图纹

这件仕女花盆是以古代女性形象为主题纹饰的代表，仕女图纹常描绘仕女的生活场景、姿态神情等，展现出女性的柔美优雅。

青花赤壁赋图茶钟（明末清初，台北故宫博物院）

雅致的诗词故事图纹

这件茶钟上的纹饰是依据苏轼的《赤壁赋》进行创作，在瓷器上绘制出人物泛舟赤壁的场景，营造出悠远的意境。

吉祥的仙人图纹

盘中心的三位老者从左到右依次为福、禄、寿三星，福星司福运，禄星主功名利禄，寿星象征长寿，三星常一起出现在瓷器上，寓意幸福、富贵、长寿，是传统吉祥图案。

五彩三星花卉纹盘（明万历，台北故宫博物院）

活泼的婴戏图纹

婴戏图多以儿童嬉戏玩耍为题材，通过天真活泼的孩童形象，如捉迷藏、放风筝等场景，传递出喜庆、吉祥的祝愿和对美好生活的向往。

粉彩开光婴戏图螭耳扁壶（清，台北故宫博物院）

生动的故事人物图纹

《水浒传》是一部以白话文写成的章回体小说，讲述了北宋时期108位绿林好汉英勇斗争的故事。盘面上描绘的三人分别是“双鞭”呼延灼、“浪里白条”张顺和“小旋风”柴进。

五彩水浒人物图盘（清，台北故宫博物院）

雕刻

CARVING CATEGORY

金漆木雕人物花卉嵌书画小围屏

数艺并施的木雕精品

国宝名称：金漆木雕人物花卉嵌书画小围屏
所属年代：清
材　　质：木

这件金漆木雕人物花卉嵌书画小围屏由多扇屏扇组成，整体造型规整，线条流畅。两侧设有屏座用于固定，屏座上设立柱，柱头饰有圆雕狮子戏球，狮子形态生动，威风凛凛。整件围屏综合运用了镂通雕、浮雕、髹漆贴金，以及书法、绘画等多种艺术表现手法，是潮州木雕中数艺并施的典型代表。其工艺精湛，内涵丰富，全方位展现了传统木雕艺术与多种艺术形式融合的魅力。

柱头饰圆雕狮子戏球，狮子威严生动，狮子戏球寓意吉祥、繁荣，充满活力与动感。

屏座底部为“T”形，这种形状使围屏立得更稳。

国宝放大镜

这件金漆木雕人物花卉嵌书画小围屏纹饰共分为五层：底层为变形夔龙纹；第二层为屏扇核心，采用镂通雕工艺，呈现出“空城计”“擒孟获”等经典人物故事图；第三层镂雕瓶花、鱼藻、花鸟、博古等纹饰；第四层以通雕缠枝葡萄纹作边框，内置绢本设色水墨画和书法条幅；顶层则雕饰花鸟纹。整件作品题材丰富多样，雕刻精美绝伦，将多种艺术形式完美融合，是难得的木雕精品。

立柱三面以通雕夔龙纹牙条作站牙，夔龙纹神秘庄重，不仅具有加固立柱的实用功能，还起到了很好的装饰作用，使屏座更显精致大气。

底层雕饰变形夔龙纹，为围屏增添了古朴庄重感。

顶层的花鸟纹饰雕刻精致，营造出生机勃勃的氛围，为围屏增添了灵动之美。

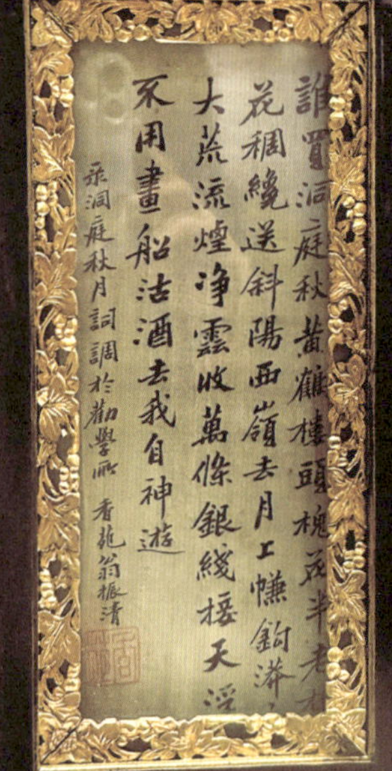

缠枝葡萄纹作边框，内置绢本设色水墨画和书法条幅。缠枝葡萄纹连绵不断，寓意多子多福、生生不息。

绢本设色水墨画描绘山水、花鸟，笔触细腻，意境深远。书法条幅字迹工整清秀，与水墨画相互呼应，为围屏增添了浓厚的文化艺术气息。

第三层镂雕多种纹饰，瓶花代表平安美好，鱼藻象征吉祥富足，花鸟展现自然生机，博古彰显文化底蕴，多种纹饰组合，富有生活气息和艺术美感。

工匠们凭借卓越的技艺，将故事中的人物形象刻画得栩栩如生。人物的神态、表情、服饰纹理，以及动作姿态都被细腻地雕琢出来，展现出不同人物的性格特点和情绪变化。工匠用镂通雕工艺将经典小说故事中的精彩场景栩栩如生地展现出来，人物形象生动，情节扣人心弦，体现出高超的雕刻技艺和深厚的文化内涵。

器物小知识

精致多元的潮州木雕

潮州木雕是广东潮州地区的传统民间雕刻艺术，主要分为金漆木雕和素雕等类别。金漆木雕常髹漆贴金，金碧辉煌，以富丽堂皇的视觉效果著称；素雕则不施漆贴金，保留木材的天然质感，展现出质朴淡雅、细腻精致的独特韵味。下面让我们一起来领略潮州木雕的精妙之处，看看木雕工匠如何用木头塑造出精妙的艺术品吧。

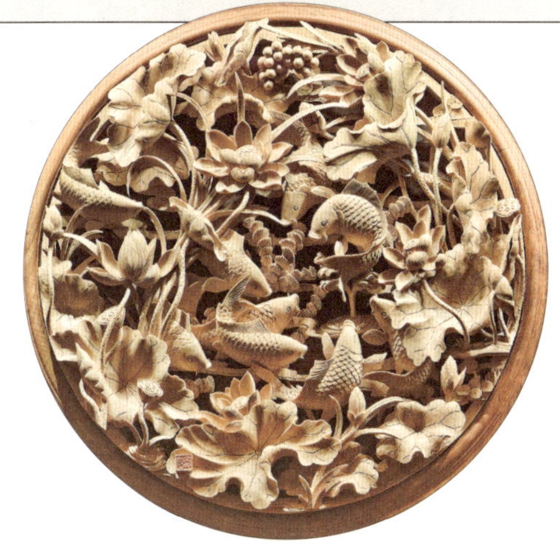

年年有余（现代，潮汕历史博览中心）

考究的木材选择

家具器物的雕饰多选用樟木。樟木木质柔润，纹理细密，耐浸耐湿且不易变形，适宜进行多种性质的雕刻。同时，樟木的芳香使家具器物不易被虫蛀。比较粗大的建筑装饰雕刻则选用杉木。此外，苦楝木、花梨木等也常被用于潮州木雕的制作。

长坂坡（现代，中国工艺美术馆）

磨金漆画菱形馔盒（清，广东省博物馆）

错落有致的布局

潮州木雕的构图独具巧思，常以“之”字或“S”形布局，借山水亭阁将连贯故事分割成多幅画面，人物情节繁杂却条理清晰。因置于椽梁高端，为契合观者视线，会适当夸张人物眼部、鼻子、口部等。其构图或取法中国画，或参照戏曲舞台，能在同一木雕面上呈现不同时空的故事。

精细华丽的漆画装饰

漆画是潮州木雕的常见装饰，是将颜料混入漆料调好后在髹漆部位绘制，有描金、磨金、彩漆等形式。其中，磨金漆画用松脂油调漆和金粉，在光素漆面涂绘，晾干后打磨至光亮平滑，常装饰在馔盒、屏风门等器物或家具局部，与雕刻贴金搭配，相互映衬。

岫玉百鸟朝凤子母球

小清新的『溜溜球』

底座选用优质木材，为传统中式造型，寓意圆满、和谐，与百鸟朝凤的主题相呼应，传达出美好的祝福。底座上饰有金色线条，在灯光下闪烁耀眼的光泽，与岫玉子母球相互辉映。

国宝名称： 岫玉百鸟朝凤子母球
所属年代： 不详
材　　质： 岫玉

这件岫玉百鸟朝凤子母球色泽温润，玉质柔和细腻。该作品采用多种雕刻工艺将百鸟朝凤的热闹场景栩栩如生地展现出来。

“百鸟朝凤”是中国传统的吉祥图案，象征着天下太平、万物和谐。

这件岫玉百鸟朝凤子母球质地温润，光泽明亮。其玉质的透明度较高，给人一种晶莹剔透的质感，使得雕刻出的百鸟和凤凰等形象更加灵动逼真，凤凰的尾羽修长飘逸，周围环绕着形态各异的百鸟，每一只鸟都栩栩如生，形成一幅和谐美好的画面。

子母球工艺难度极高，母球与子球均需从同一块岫玉料中雕琢而出。母球通常较大，内部套着多个可以独立转动的子球，层层相套，转动自如。这一工艺要求雕刻师具备精湛的技艺和丰富的经验，又因为岫玉的硬度相对较低，没有牙料那样的弱弹性，在雕刻的过程中要精确计算每一层球的厚度和弧度，确保子球在母球内既能自由转动，又不会因间隙过大或过小而影响整体效果。

小提示

岫玉作为中国四大名玉之一，有着独特魅力：质地细腻温润，仿佛凝脂般触手生温；颜色丰富多样，常见的有绿色、黄色、白色、黑色等；硬度相对较低，这使得岫玉比较适合进行雕刻加工。雕刻师可以根据其特性，运用各种雕刻技法，创作出精美的作品。

子母球的表面精心雕刻有百鸟朝凤的场景。凤凰周围的百鸟形态各异，或展翅高飞，或栖息枝头，旁边衬托着花叶，花朵肆意绽放，整个画面充满生机与活力。子母球套叠的层次清晰可见，在光线的照射下具有剔透的光感。

水晶透雕松树纹扁瓶

晶莹剔透的『双层套瓶』

这件扁瓶质地纯净，透明度高，无明显杂质，在光线的照射下能产生独特的折射和散射效果，呈现出晶莹剔透的美感。瓶腹扁平，为主要的雕刻展示区域，能很好地承载雕刻图案。最难得的是瓶身为双层设计，可清晰看见两层深浅不一的瓶体，表明这件水晶扁瓶出自一块体量较大且材质优良的水晶原石。瓶身上的松树纹带有美好的寓意，这件作品是中国传统文化与水晶雕刻艺术完美结合的典范。

国宝名称：水晶透雕松树纹扁瓶
所属年代：清
材　　质：水晶

这件文物瓶身以松树纹为主题纹饰，松树在中国传统文化中象征长寿、坚韧和不屈。在水晶瓶上，松树占据了主要画面，树枝伸展，布局合理，疏密得当，为瓶身增添了生机与活力。执耳和瓶底的装饰简约大气，线条流畅有力，与纯净的瓶身材质和松树纹相得益彰。

瓶身为双层设计，外层装饰蜿蜒曲折的松树枝干，松针呈放射状分布，简洁清晰。以松树纹装饰扁瓶，不仅增添了器物的艺术美感，也寄托了人们对美好生活的向往和祝福。

瓶口厚实，环绕一周回纹，形成一个连续的装饰带，为瓶口增添了精致感和层次感。回纹在中国传统文化中具有吉祥、循环、永恒等美好寓意。

瓶身两侧的执耳设计简约大气。形状模仿龙的形态，蜿蜒曲折，与瓶身相连，仿佛龙正攀附在瓶身上。

贝雕人物集市图

贝壳上的迷你市集

河面平缓，一艘小船悠悠前行。船上，女子发髻高挽，她举起右手，轻摇扇子，为前方撑伞的男子送去丝丝凉意。船尾，头戴斗笠的船夫稳稳地撑着长篙，动作娴熟。

贝雕左下角，两条大鱼相向而游，灵动有趣。河岸边，荷花随风轻轻晃动，为热闹的集市增添了几分自然野趣。

国宝名称：贝雕人物集市图
所属年代：清
材　　质：贝壳

贝雕是广东传统民间手工艺品，以贝壳为原料，经多种工艺制成，具有极高的观赏性。这件贝雕人物集市图是清代岭南地区社会经济繁荣、商业活动活跃的生动写照。画面上刻画了熙熙攘攘的人群，生动地展现了集市上人们的生活百态。从建筑到人物的穿着、神态、举止，全方位地展现出当时岭南百姓的生活，是研究岭南民俗文化与社会风貌的珍贵实物资料。

这件贝雕人物集市图工艺精湛，生动地再现了昔日的岭南市井繁华景象。用洁白贝壳打造的河水波光粼粼，画面细节精妙，人物或是坐船交谈，或是悠闲逛街，或是招揽顾客，烟火气十足。贝雕质地厚实干净，表面洁白如玉、光泽柔和。情景刻画细致，巧妙利用了贝壳的本色融入画面，形成独特的视觉效果。

河岸沿线，岭南风格建筑错落有致，商铺密密麻麻。一家铺子前，一名男子正抬手为身后手持折扇的男子指路。

一艘小船上的两人正兴致勃勃地交谈着。似乎正分享着有趣的见闻或重要的事情，为这宁静的河面增添了几分生机。

象牙雕『五羊仙子贺八景』摆件

巧夺天工的仙子下凡摆件

国宝名称：象牙雕“五羊仙子贺八景”摆件
所属年代：现代
材　　质：象牙

这件象牙雕“五羊仙子贺八景”摆件主体造型为一株高大挺拔的木棉树，木棉树是广州的特色植物，象征着蓬勃向上的生命力，也代表着广州这座城市坚韧不拔的精神。其顶部是一颗52层的象牙球，树冠上是五位仙子乘仙羊降临的场景。

牙雕是广雕中最负盛名的种类之一。在历史上，广州牙雕有着辉煌的发展历程。早在宋代，广州工匠就能制作出内有三层且层层可转动的象牙“鬼工球”。

这件摆件造型优美，构图严谨，色彩温润，将广州的城市象征、历史遗迹、自然风光和民间传说等元素巧妙融合。布局错落有致，雕刻独具匠心，每个人物都刻画得栩栩如生。环绕人物的祥云，线条流畅灵动，树底下花团锦簇，充满生命力。该作品体现了牙雕艺人对镂雕技法的熟练运用和创新发展，代表了广雕技艺的高超水平。

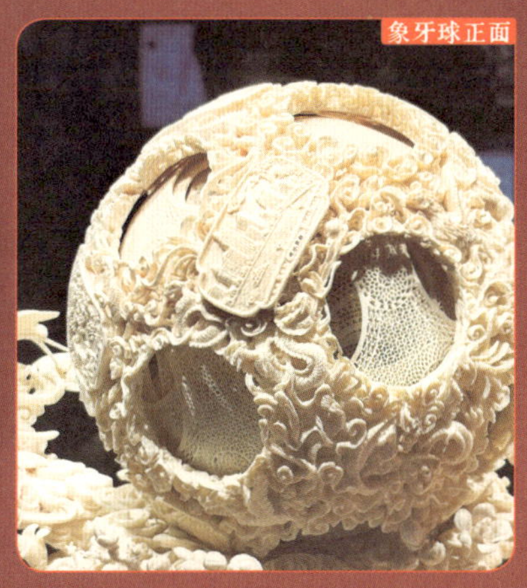
象牙球正面

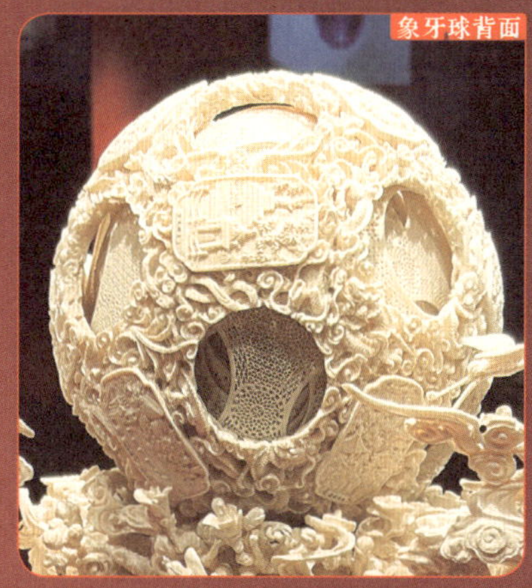
象牙球背面

这颗象牙球直径约20厘米，共52层，又称“鬼工球”。这一象牙球的制作工艺堪称鬼斧神工，每一层都薄如蝉翼，却又有着精巧玲珑的花纹。外层以方块形开光浮雕羊城八景，这些景致的选取极具代表性，如黄花岗72烈士墓、越秀山镇海楼、珠江沿岸等，生动地刻画出广州的现代风貌。而象牙球内部层层可转动自如，每一层的花纹都经过精心设计，且各不相同。

树下，衣袂飘飘的仙女们正专注地演奏各类乐器，乐器的种类丰富多样，有古筝、箜篌、笛子等，仙女们表情专注，动作流畅自然，仿佛能听到悠扬的乐声在空气中回荡，营造出一种祥和、美好的氛围。

象牙球两侧是五位仙子。“五羊仙子”的传说在广州家喻户晓，象征着吉祥与丰收。仙子们的神态端庄优雅，面带微笑。仙羊的造型矫健灵动，毛发根根分明。

笑有鴻儒往
來無白丁可
以調素琴閱金
經無絲竹之
亂耳無案
牘之勞形南
陽諸葛廬
西蜀子雲亭
孔子云何陋
之有

子昂

书画

PAINTING AND CALLIGRAPHY

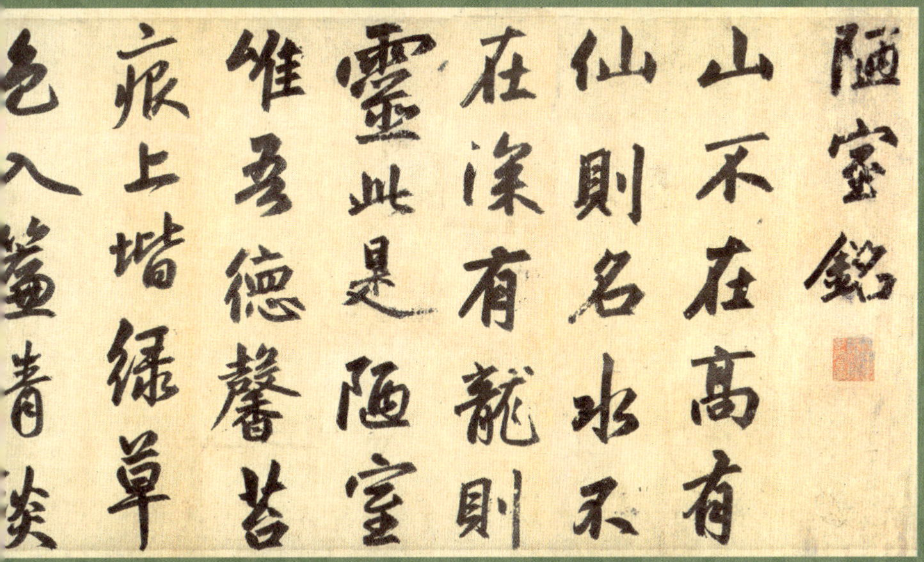

陈容《墨龙图轴》

墨龙在天，气势非凡

国宝名称： 陈容《墨龙图轴》

所属年代： 宋

材　　质： 绢

这幅陈容《墨龙图轴》为绢本设色，纵201.5厘米，横130.5厘米。

其绢质和色泽都保存较好，精彩传神。陈容作为水墨画龙的开创者，被誉为“龙画第一人”。陈容画龙深得变化之意，其真迹传世不多，此图为陈容传世作品中罕见的鸿篇巨制，尤为珍贵。这幅《墨龙图轴》水墨纵横，气势豪壮，将龙的精神体貌表现得淋漓尽致，具有很强的动态感和磅礴气势。

这幅《墨龙图轴》描绘了一条飞龙腾跃云天，飞龙姿态盘旋矫健，龙首微抬，须发喷张，龙爪强壮有力，彰显十足的力量感。龙身部分隐匿于烟云之间，若隐若现，充满神秘色彩。画家水墨运用技巧高绝，运笔如飞，笔触毫无拖沓痕迹，逼真呈现出云雾的迷蒙、弥漫与翻涌奔腾之态，营造出云蒸雾绕的奇幻氛围。

龙的轮廓以刚健有力的线条勾勒，形态清晰可辨。画家在刻画龙须、龙鳞等细节时，笔触细腻精巧，粗细线条搭配，刚柔并济，尽显龙的威武与灵动。

画家巧妙运用渴墨，寥寥数笔勾勒出漩涡，刹那间，飞龙腾起时那迅猛的风势仿若扑面而来。这看似简单的几笔，瞬间为画面注入动感活力，更巧妙地烘托出龙行云布雨的强大神力，令人惊叹。

《墨龙图轴》右下角有陈容自题三字诗："骑元气，游太空，普厥施，收成功，扶河汉，触华嵩。"落款为"所翁作"，并钤有三方印章。这首题诗可看作是对画意的阐释，画家绘龙，旨在展现龙叱咤风云、震撼山河的豪迈气势，赞颂龙布雨大地、施惠于民的恩泽，借此比喻大丈夫的志向。

行书《陋室铭》卷

一代宗师的早期作品

国宝名称： 行书《陋室铭》卷
所属年代： 元
材　　质： 纸

这幅行书《陋室铭》卷应是赵孟頫早年书法精品。起初，它是一幅纸本挂轴，后经蓑衣裱（即把作品画心裁成条后重新装裱），改制成纵49厘米，横131厘米的手卷。

此卷共19行，计86字。作者仅落“子昂”穷款，并钤“赵氏子昂”朱文方印，引首处钤“松雪斋”朱文长方印。从书法角度来看，赵孟頫虽在书写时已尝试在前人基础上融入个人风格，但这种融入还比较有限。部分笔画与结体，仍显稚嫩，这也恰恰体现出他早年在书法艺术领域的探索。

赵孟頫有枚常用的朱文方印“赵氏子昂”，在他33岁时这枚印章有了缺损，这就成了判断他书画创作时间的重要标识。此卷上的“赵氏子昂”印完整无缺，所以能判断这是赵孟頫早期的作品。

这件行书《陋室铭》卷通篇字呈扁平状，书风楷、行相兼，规整又不失灵动。布局疏密得当，横向虽无行，纵向却成列，字与字相互呼应，气韵连贯。用墨浓淡相宜，飞白穿插其间，尽显古朴典雅。从行笔走势、结体架构来看，此卷属赵孟頫早年的书风，对研究其书法风格的演变意义重大。

这件作品用笔方圆结合，方笔多，转折处有棱角。起笔斜切，全程中锋，行笔有力，提按顿挫明显。横画刚健，向右上微倾；竖画顿笔起收，首尾凝重；撇画舒展细腻，捺画写法多样，富于变化。

字形扁方，结体宽大开阔，笔画间架构明朗、疏密有致，整体给人以方整平正之感。笔势开阔大气，字里行间流露出平和雍容的韵味。

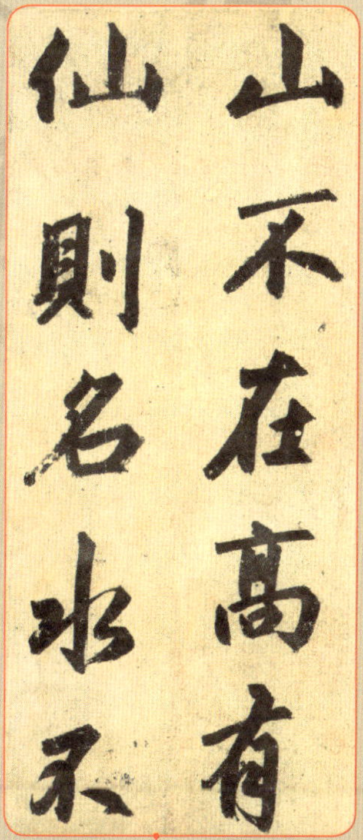

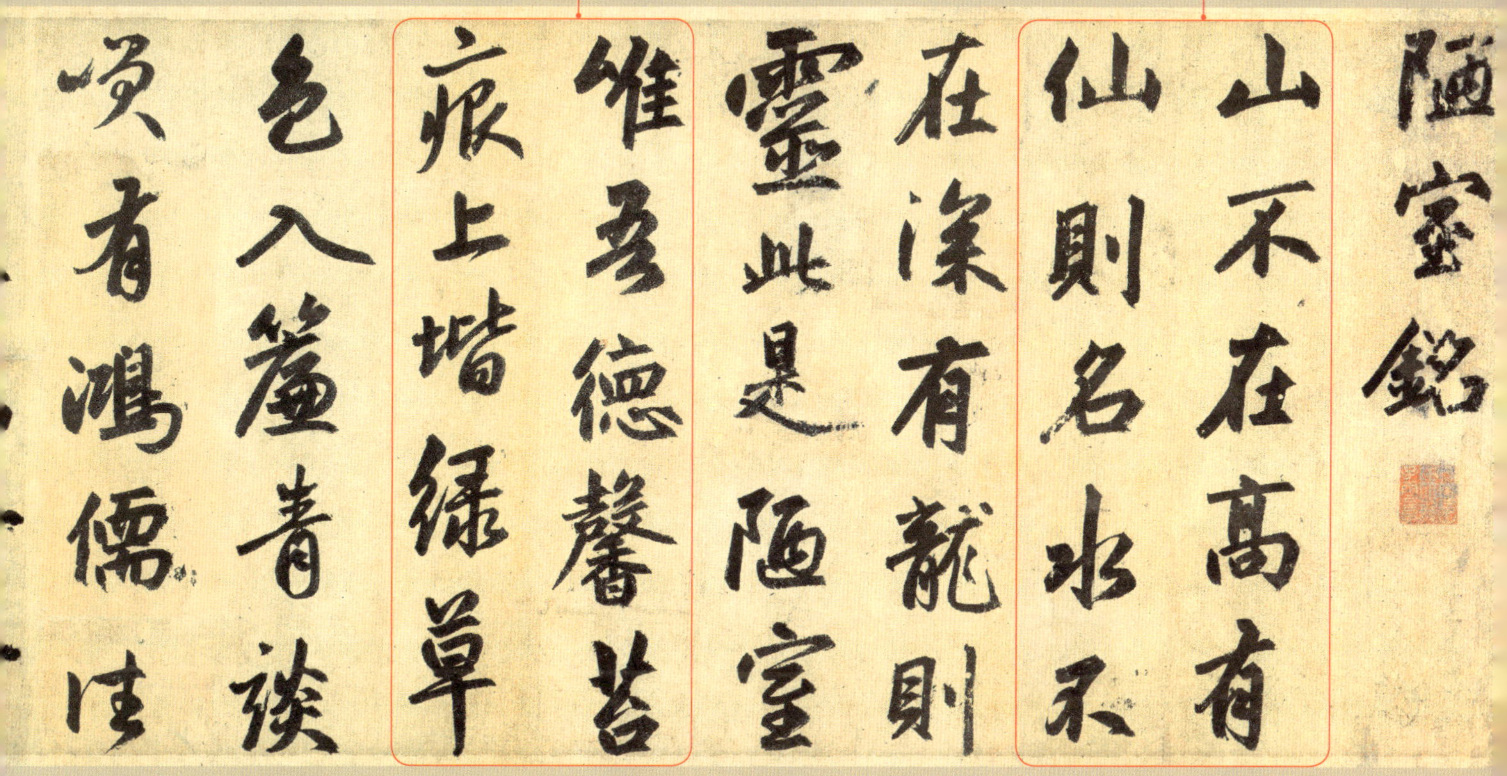

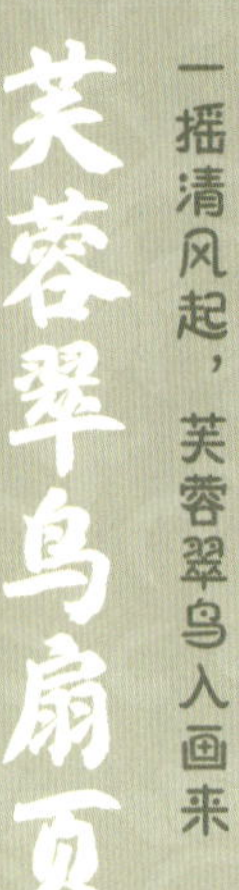

芙蓉翠鸟扇页

一摇清风起，芙蓉翠鸟入画来

国宝名称：芙蓉翠鸟扇页

所属年代：明

材　　质：纸

这幅芙蓉翠鸟扇页由明代“勾花点叶派”的创始人周之冕所绘，他博采陈淳、陆治两家花鸟画之长，善用勾勒法画花，以水墨点染叶子，画法兼工带写。其作品在勾花、染叶、造型、敷色上颇为讲究，画面精心布局，设色鲜艳，所绘形象生动传神。

扇面上，翠鸟停于芙蓉枝上。画家以没骨写意，借色彩晕染出芙蓉的形态与质感，尽显高超画技。画面布局独特，营造出宁静优美的氛围。

画家以没骨写意绘芙蓉，不用线条勾勒，仅靠色彩与水墨晕染来展现形态。简单点染，芙蓉淡雅之姿立现，清幽雅致的芙蓉，与翠鸟相映成趣，营造出美妙意境。

这幅扇面绘有枝头芙蓉与翠鸟。翠鸟眼神灵动，鸟喙以中锋勾勒，呈回首姿态。芙蓉用没骨法，稍作点染，尽显雅致，运用了画家独创的“勾花点叶法”，以曙红、花青、赭石为主色调，注重色墨交融。画面布局疏朗，扇面独特的弧形让整幅画流畅自然，尽显优雅，笔法与意境完美融合。

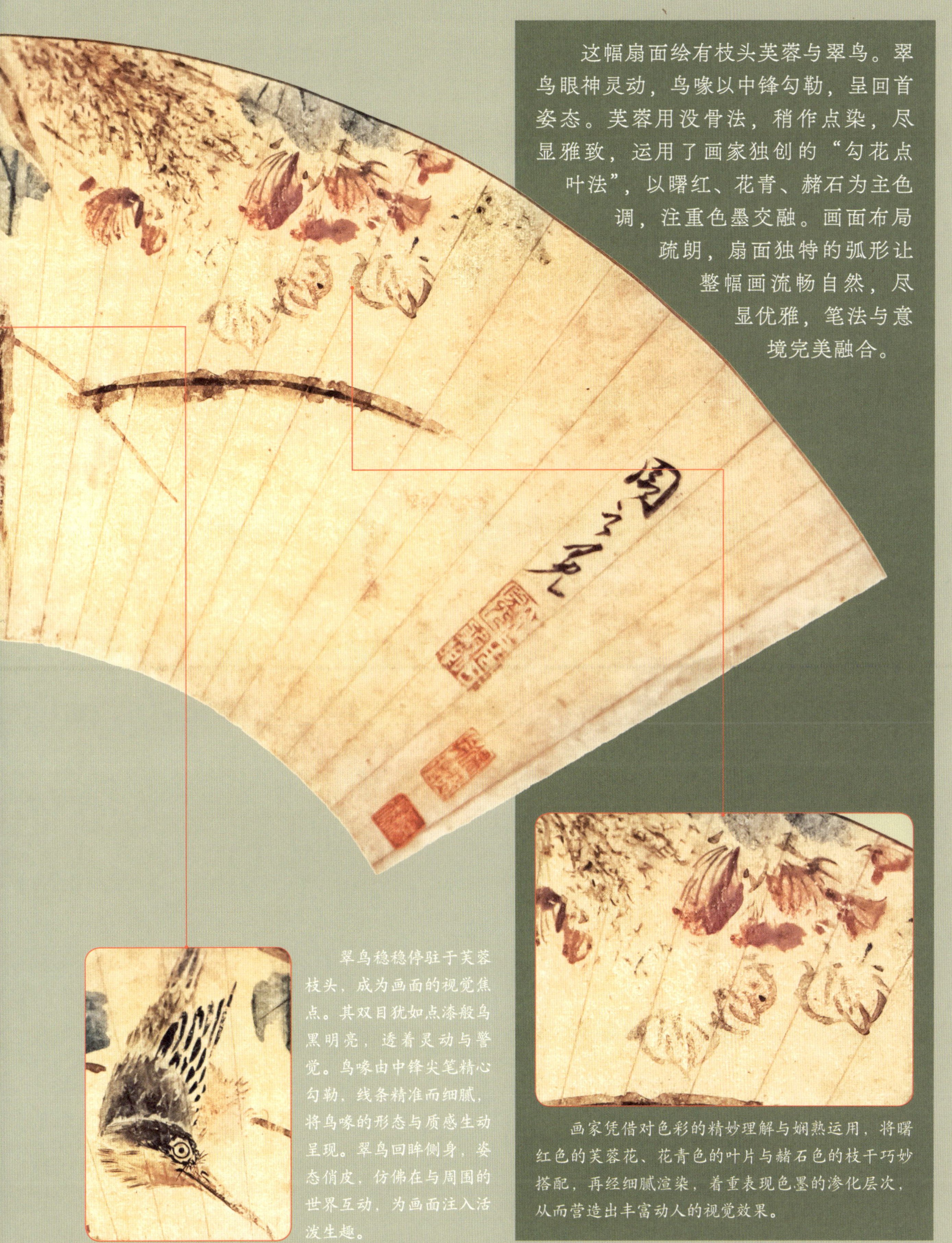

翠鸟稳稳停驻于芙蓉枝头，成为画面的视觉焦点。其双目犹如点漆般乌黑明亮，透着灵动与警觉。鸟喙由中锋尖笔精心勾勒，线条精准而细腻，将鸟喙的形态与质感生动呈现。翠鸟回眸侧身，姿态俏皮，仿佛在与周围的世界互动，为画面注入活泼生趣。

画家凭借对色彩的精妙理解与娴熟运用，将曙红色的芙蓉花、花青色的叶片与赭石色的枝干巧妙搭配，再经细腻渲染，着重表现色墨的渗化层次，从而营造出丰富动人的视觉效果。

华嵒《金屋春深图轴》

牙疼的杨贵妃

国宝名称： 华嵒《金屋春深图轴》

所属年代： 清

材　　质： 纸

这幅《金屋春深图轴》纵119厘米，横57厘米，是由清代扬州画派的代表人物之一华嵒所作，历经郑燮等众多名家鉴藏，流传至今，描绘的是杨贵妃因为牙疼不想起来梳妆的情景。色彩搭配和谐自然，用笔细劲流畅，构图简练别致。

此题材绘画最早可追溯至唐代，宋元之际多见相关题材的题画诗、文跋、曲，明清逐渐减少。

这幅《金屋春深图轴》描绘的是杨贵妃迟起未妆的场景，她抚几而坐，慵懒倦怠，反映出宫内生活的孤独和清冷。人物的衣装、发式和几、凳皆为清代样式，却借古喻今，表达一定的情感内涵。构图简练别致，将杨贵妃置于画面中心位置，周围留出大片空白，突出了人物的主体地位。画上鉴藏印众多，如“朱光所藏书画”“冠五珍藏”“田溪书屋”等。

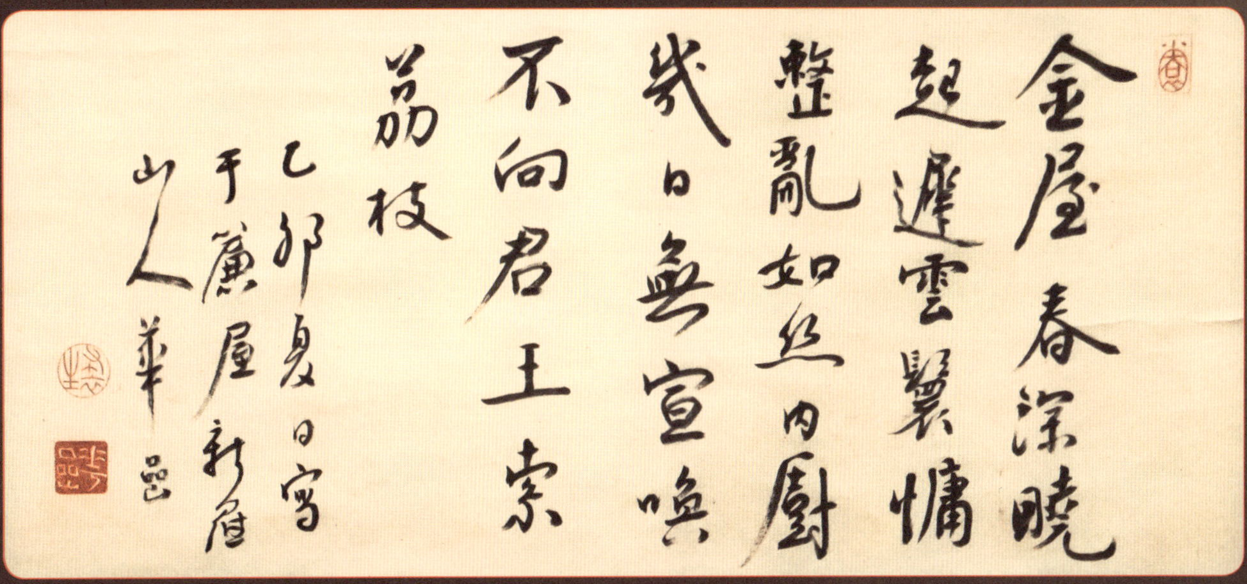

画轴上方的题跋为“金屋春深晓起迟，云鬟慵整乱如丝。内厨几日无宣唤，不向君王索荔枝。乙卯夏日写于帘屋，新罗山人华喦”。

设色整体淡雅清新。通过细腻的色彩渲染，表现出人物的肤色。浅绿色的上衣和深红色的裤子搭配得当，对比鲜明却不违和，使画面呈现出一种柔和、典雅的美感。与画面中杨贵妃慵懒倦怠的神态和孤独清冷的氛围相契合。

线条富有韧性，一丝不苟，人物的发丝、衣物的纹理等都描绘得极为精细。整幅图轴将写实、装饰与简笔有机结合，把杨贵妃的神态和姿态刻画得十分细腻，使人物形似且传神，简练而不空泛。

《拜月图轴》

有趣的传统中秋活动

国宝名称：《拜月图轴》
所属年代：清
材　　质：纸

这幅《拜月图轴》是清代“海派”画家任薰在中秋时节所绘，描绘的是几名小童在中秋节对月摆设供桌、叩首祈福的情景，充满节日欢乐的气氛。任薰在人物画方面以细腻的线条和鲜明的色彩著称，其作品往往充满生活气息。画中小童神情专注，姿态虔诚。画面色彩鲜明，过渡和搭配柔和自然。

这幅画生动地描绘了清代中秋拜月的民俗场景，为研究当时的社会生活、文化习俗提供了珍贵的图像资料。

这幅《拜月图轴》描绘了几名小童专注虔诚地在院中拜月的情景，细节丰富。供桌上的瓜果为秋天应季水果；供桌左侧一个较小的小童正垫脚去拿桌子上的东西，供桌右侧两个稍大一些的小童正在布置，插上旗子并摆好葡萄；供桌前有两名小童已迫不及待地开始行礼祈福。画面生动地展现出小童们纯真的天性和对美好事物的向往。画面的一侧为陡峭的山壁，与庭院相互映衬，营造出一种宁静的氛围。

任薰擅长设色，此画色彩鲜明，浓淡相宜，清新可爱，色彩运用细腻巧妙，不同色调相互交织碰撞，却又和谐统一，营造出欢快、明亮的氛围，与中秋佳节的喜庆气氛相得益彰。

小童们的神情举止描绘得惟妙惟肖。有的正专注布置供桌，眼神中透着认真与专注；有的正手捧装有葡萄的盘子要摆到供桌上；有的则迫不及待施礼祈福，姿势充满虔诚与专注。意趣盎然，细节之丰富、角度之全面，令人称道。

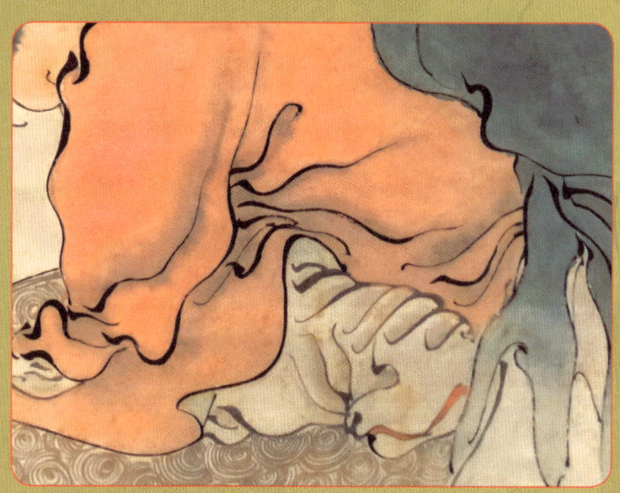

衣褶线条的描绘是该画作的一大亮点，线条勾勒得遒劲飘逸，走势自然流畅，刚柔并济，既有力量感又不失灵动之美。这是任薰标志性的用线风格。

小提示

中秋拜月所用的瓜果除了选择应季水果之外，更注重其中的寓意。例如苹果，代表平安，祈愿家人顺遂安康；石榴，因多籽而有多子多福的寓意，承载着家族兴旺的愿景；柚子，“柚”与“佑”谐音，饱含上天庇佑的祈愿；葡萄成串，寓意硕果累累、生活富足。

古代的中秋节活动

拓展话题

拜月是古代中秋节的传统活动，每逢这天人们就会在庭院中设好供桌，摆上月饼、瓜果，对着月亮虔诚祈愿生活幸福美满。除了拜月，还有观潮、赏桂花、喝酒赏月等活动，这些传统活动在古代都被画家用画笔详细记录了下来，并且一些活动还延续至今。让我们透过这些画作，来看看古人在中秋节都会做些什么吧。

月夜看潮图（宋，台北故宫博物院）

壮观的钱塘观潮

中秋节前后，月球和太阳的引潮力叠加，再加上钱塘江特殊的喇叭口地形以及秋季盛行的东南风助力，使得潮水格外壮观。这件扇面呈现了中秋夜观钱塘江潮的场景。浪潮在引力的作用下随风卷起雪白的浪花，呈现“卷起千堆雪”的气势。

中秋拜月图（清，首都博物馆）

传统的拜月祈福

古时有“男不拜月，女不拜灶”的讲究，拜月多由妇女儿童参与。后来，赏月取代祭月成为重点，严肃的祭祀活动演变成轻松欢娱的活动。中秋月色下，人们摆上瓜果、月饼祈求福佑。画面中的儿童正在兴致勃勃地叩拜与月亮有关的兔儿爷像。

其乐融融的赏桂

八月雅称“桂月”，中秋正是桂花盛开的时节。画面中月色皎洁，院中金桂飘香，秋菊盛放，身穿华服的妇女正牵着稚童漫步于庭院中。画作充分描绘了中秋佳节的欢乐一刻。

十二月令图·八月图（局部）（清，台北故宫博物院）

清代画家任薰的作品

任薰是清代“海上画派”的代表画家之一，他不止擅长画人物，还兼工花鸟、山水等，画法博采众长。其作品构图严谨，色彩浓淡相宜。任薰与任熊、任颐时称“海上三任”，在清代画坛上有着举足轻重的地位。

荷鹭图轴（清，台北故宫博物院）

捉迷藏的鹭鸟

这幅《荷鹭图轴》刻画细腻，荷叶与荷花上都刻画了细小的纹理。一只彩色的鹭鸟躲在荷叶底下。整个画面给人一种意趣盎然的田野气息。

采芝图（清，上海博物馆）

相貌奇古的采芝人

图中采芝者一手持杖，一手提篮，篮中满装各色灵芝仙草。在传统文化中，“采芝”常是托身林泉、言芳行洁的象征，此图是任薰赠予友人之作，体现了他对友人品行的高度认可。

桃花鹦鹉图（清，南京博物院）

春日里的小清新

在这幅《桃花鹦鹉图》中，一只绿羽鹦鹉单脚站在复瓣桃花枝上。鹦鹉羽毛色泽鲜亮，与簇拥的洁白复瓣桃花相互映衬，新萌的绿叶娇嫩清新，满是春日生机。

青铜器“科普图册”

这幅图描绘了吴大澂与客人相对而坐共赏古器的情景。画中人物衣纹线描古拙，设色浓丽朴厚。古器描绘细致，数量多且一一注明名称，极具学术价值。

愙斋集古图·上卷（局部）（清，上海博物馆）

其他文物

OTHER ARTIFACTS

端石千金猴王砚

藏在砚台里的猴王

这方端石千金猴王砚，长25.5厘米，宽17.6厘米，厚2.7厘米。

它由端石里最为名贵的老坑石精心雕刻而成。砚中汇集鱼脑冻、胭脂火捺、微尘青花、玫瑰紫和金线等诸多名贵石品。此砚奇妙之处在于，平常呈通体黑色，并不惹眼，猴形也不凸显，然而只需用湿布轻抹，砚台的鱼脑冻花纹便会即刻清晰地呈现猕猴形象。

中国四大名砚为端砚、歙砚、洮河砚和澄泥砚，端砚位居群砚之首，而千金猴王砚又在端砚中独占鳌头，堪称砚中"王中王"。

在砚台的一侧，镌刻着隶书铭文："千金猴王砚。光绪壬辰禺山何氏闲叟珍藏。"而在砚台的另一侧，同样镌有隶书铭文："郭兰祥作砚，项信南刊字。"郭兰祥是肇庆制砚世家郭家的传人，以工艺精巧闻名遐迩；项信南则是广州雕刻工匠。

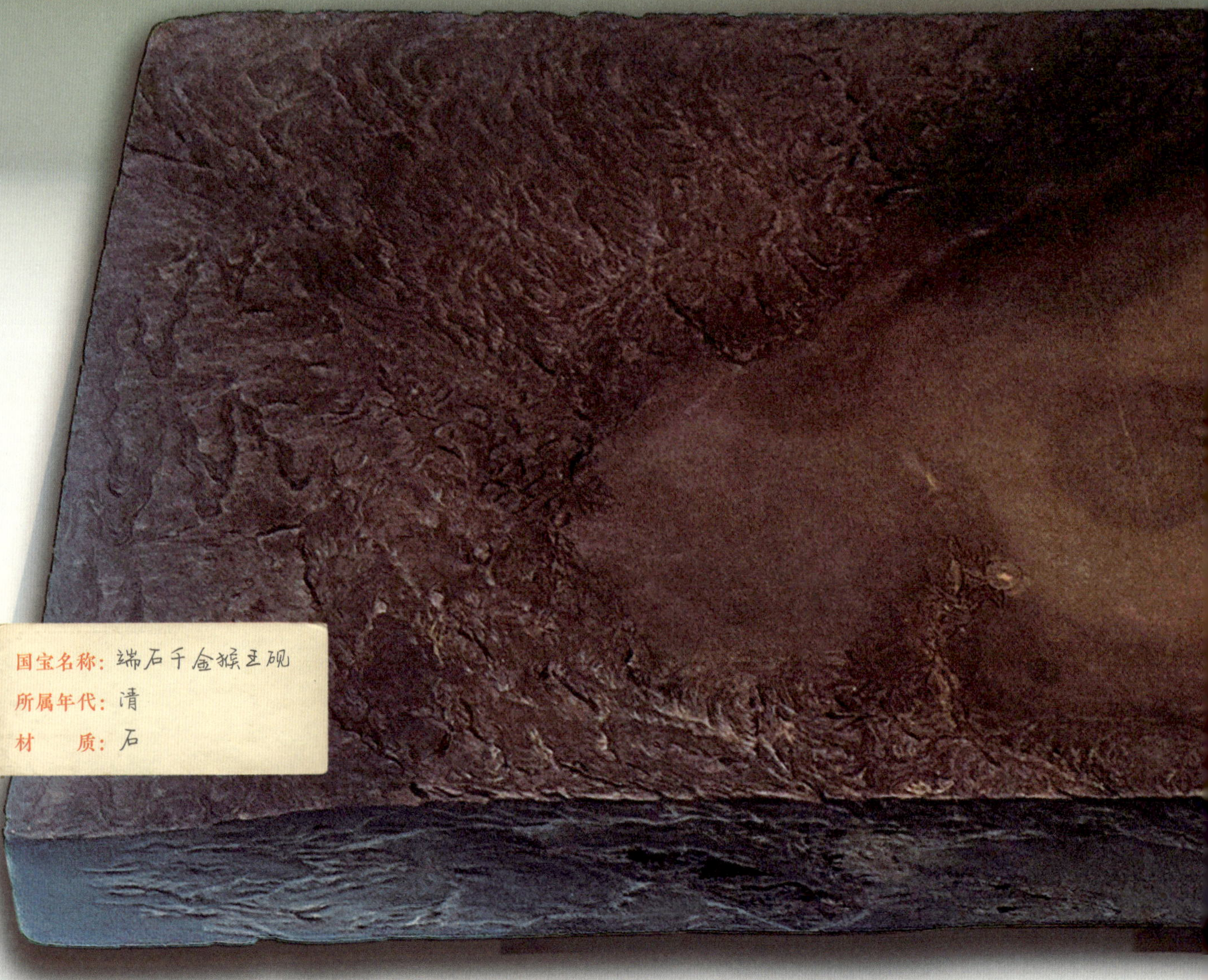

国宝名称：端石千金猴王砚
所属年代：清
材　　质：石

这方端砚的鱼脑冻天然神似猕猴，周围火捺纹环绕，构成一只侧蹲回首的猕猴形象，其眼、鼻、嘴与前足清晰逼真。雕刻工匠巧妙借天然纹理，雕琢出花果山与飞泉瀑布，升华意境。端石千金猴王砚石质细腻、石品绚丽，易磨墨且贮水不易干涸，兼具观赏与实用价值；以石构图、因材施艺、以色取巧，凸显自然神韵，集美石与良工于一体，堪称端砚中的极品。

端石千金猴王砚拓片

通过拓片可清晰看出：砚工依据石料特性施展技艺，巧妙地把砚面与砚背设计成花果山、水帘洞的意境；又运用薄意、浅雕手法，在砚额、砚唇、砚背及砚侧精心雕琢，呈现出崇山峻岭、飞泉瀑布与桃树硕实等纹饰。

砚面的雕琢堪称鬼斧神工，每一处线条皆细腻入微、布局精巧。看似寻常，实则暗藏乾坤，令人玩味无穷。

金项饰

从沉船中打捞出的异域金饰

这件金项饰全长1.72米，重586克。

它是从“南海Ⅰ号”沉船中打捞出的第一件金器，由四股八条纯金金线编织而成，一端是长条带钩，另一端有四个小圆环，方便调节松紧。整体呈现出浓厚的阿拉伯风情，具有异域特色。它是南海海上丝绸之路的重要物证之一，通过它可以窥见南宋时期海外贸易繁荣的盛景，它也见证了当时中国与外国的经济、文化交流。这件金项饰与金漆木雕大神龛同为《国家宝藏》第二季入选文物。

国宝名称：金项饰
所属年代：宋
材　　质：金

这条金项饰由纯度极高的纯金打造而成，运用了极为精细的编织工艺，形成独特的人字形纹路，整体状若麻花，造型大气磅礴，精致且不失质感。历经800多年的海水侵蚀，它依然光彩夺目，金色依旧耀眼，没有明显的锈蚀和损坏痕迹。

尾端由4个环状搭扣组成，环扣大小均匀，形状规整，连接处饰有精美的璎珞纹，纹饰相互交织，展现出独特的装饰效果，充满异域风情。

带钩呈长条形，中间隆起。带钩上的葡萄纹饰刻画精致，尽管纹饰非常小巧，但做到了大小一致，排列整齐、紧凑，简约而美观。

象牙茜红骨牙片贴面人物开光绘岭南风光扇

这件文物是清代的外销扇。扇骨为象牙材质，质地温润细腻，采用天然染料茜草染色，将扇骨染成娇艳的红色。扇骨的红色与扇面的冷调蓝色相互映衬，形成鲜明对比。纸本扇面的一面精心描绘庭院人物场景，另一面别具匠心地设置五个开光，彩绘清代岭南的独特风光。扇面绘画融合中西技法，题材既有中国传统元素，也有西方元素。在18至20世纪，中国外销扇凭借精湛工艺与独特东方韵味，成为欧洲贵族追逐的时尚单品。

这部分开光描绘的是从黄埔港方向望去的琶洲塔。琶洲塔作为“琶洲砥柱”，是清代广州八景之一，体现出岭南建筑的独特风格，更反映出当时其在广州城市景观中的重要地位。

国宝名称：象牙茜红骨牙片贴面人物开光绘岭南风光扇

所属年代：清

材　　质：象牙、纸

这把外销扇的工艺极为考究，选材奢华，并以天然植物为扇骨染色，不仅安全无异味，还呈现出独特色泽。纸本扇面内容丰富，一面生动描绘庭院人物，鲜活展现当时的生活场景；另一面设置五个开光，开光内皆彩绘岭南风光，且选取的皆是西方商人熟悉的中国景致。该扇巧妙融合中西元素，堪称外销扇中的精品。

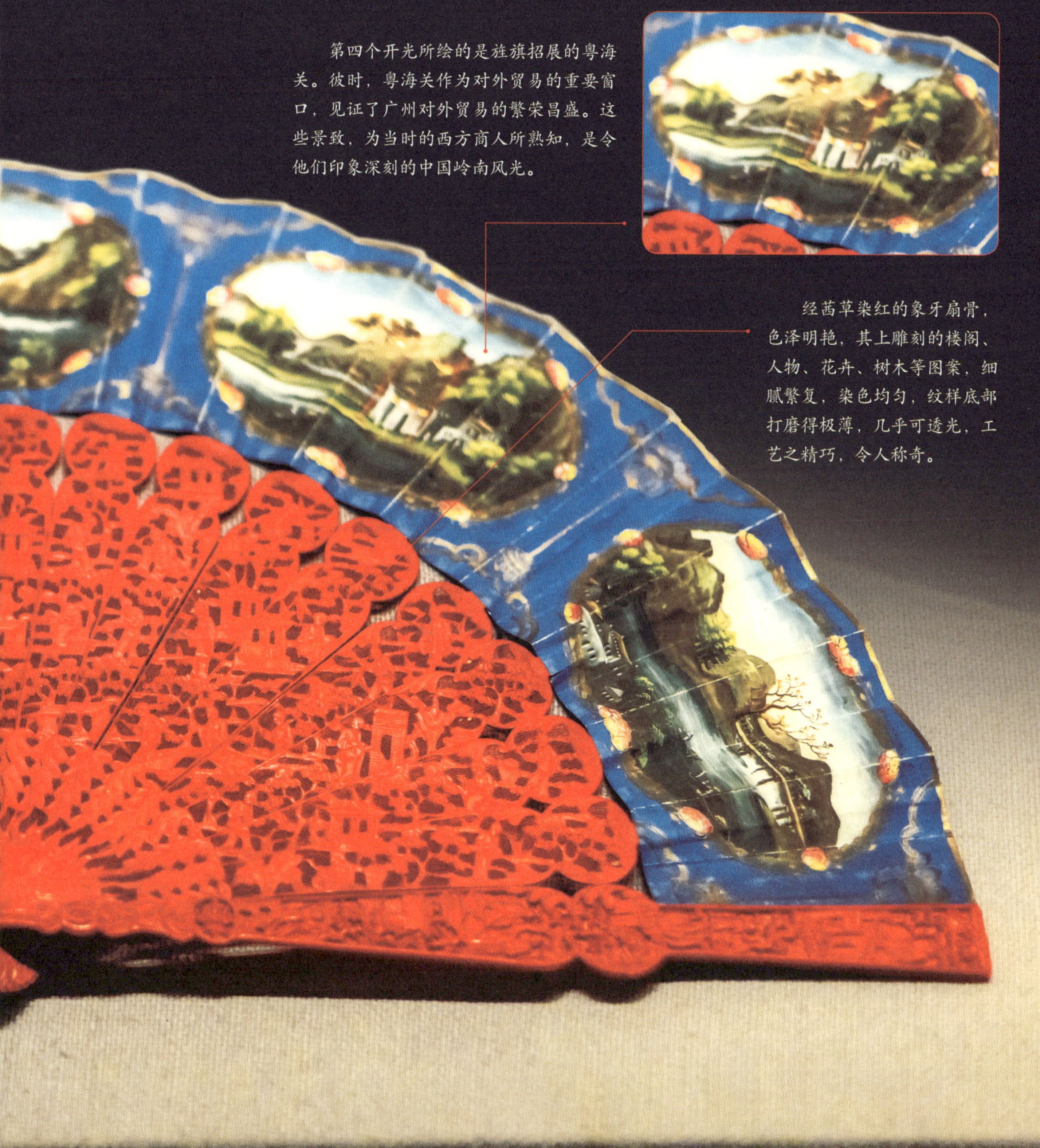

第四个开光所绘的是旌旗招展的粤海关。彼时，粤海关作为对外贸易的重要窗口，见证了广州对外贸易的繁荣昌盛。这些景致，为当时的西方商人所熟知，是令他们印象深刻的中国岭南风光。

经茜草染红的象牙扇骨，色泽明艳，其上雕刻的楼阁、人物、花卉、树木等图案，细腻繁复，染色均匀，纹样底部打磨得极薄，几乎可透光，工艺之精巧，令人称奇。

器物小知识

国宝中的精致扇子

除了前文精美的象牙骨扇子，国宝中还有许多漂亮又实用的扇子。中国的扇子历史悠久，其形状、功能都十分丰富。中国关于扇子的最早记载是舜帝的“五明扇”，殷商时期出现了用野鸡尾羽做成的“雉尾扇”；汉代开始出现团扇，宋代折扇传入并广受欢迎，到了明代折扇逐渐取代团扇成为主流；清代中晚期，广州地区的外销扇更是走出国门，成为欧洲贵族喜爱的时尚单品。下面一起来看看这些精美的扇子都有哪些吧。

象牙雕缠枝花卉纹折扇（清，广东省博物馆）

薄如蕾丝的象牙扇

这把象牙扇通体保留了象牙的原有色泽，扇骨被打磨得极薄，扇上饰有线条流畅的缠枝花卉纹。扇面薄如蕾丝，可透光。

极难制作的烧蓝折扇

这把扇子运用了烧蓝工艺，“烧蓝”，亦称“烧银蓝”，也就是银珐琅，其熔点较低，呈半透明状。这种工艺品的制作难度较大。画面绘制了两组打扮不同的人物，具有明显的外销人物画风格。

烧蓝累丝鎏金银骨彩绘两军对阵图折扇（清，广东省博物馆）

融合中西的故事扇

这把伸缩折扇的扇骨运用了黑漆描金的工艺，奢华沉稳。扇面描绘了明亮活泼且带有岭南特色的花卉水果，扇面中间的开光则描绘了西洋风格的建筑，是一把中西合璧的作品。

黑漆描金彩绘故事人物岭南风光伸缩折扇（清，广东省博物馆）

嵌骨花卉象牙席扇（清，台北故宫博物院）

清凉精美的席扇

这把扇子的扇面呈芭蕉叶形，扇边包裹玳瑁制成的框，扇柄为湘妃竹。扇面做工精致，是将象牙剖丝后编织而成。牙丝编织席扇是广东独特的工艺。

精绣花蝶的团扇

这把团扇的扇面为淡蓝色的绸面，清新淡雅，与扇面颜色鲜艳的菊花和蝴蝶形成鲜明对比。扇坠为质地通透的碧玉和碧玺，这种精致的团扇多为贵族女子所用。

蓝绸彩绣嵌珠宝翠玉花蝶团扇（清，台北故宫博物院）

骨雕扇骨彩绘花卉人物纹羽毛折扇
（清，广州十三行博物馆）

用于社交的羽毛扇

18世纪前后，广州生产的外销扇风靡欧美，欧洲上流社会的贵妇、少女们都竞相以手执极具东方情趣的精巧扇子为时尚。到了19世纪欧洲还衍生出丰富的扇语，以扇子的开合传递信息。这款羽毛折扇就是欧洲社交场合常见的款式。

松阴独坐成扇（明，台北故宫博物院）

传统的纸本折扇

折扇自宋代起出现在中国，明代永乐年间由于皇室倡导，折扇逐渐取代团扇成为扇子的主流。这件松阴独坐成扇即为一把折扇，其扇面由“明四家”之一的仇英所绘，青绿山水与金色的扇面底色相互映衬，文雅又贵气。

堂
前黎副總統委貟
宗弟鳳起書

永
中華民國五年秋穀旦

广东省其他博物馆名录（节选）

广州博物馆

深圳博物馆

南越王博物院

广州十三行博物馆

粤剧艺术博物馆

鸦片战争博物馆

广州艺术博物院

佛山市祖庙博物馆

孙中山故居纪念馆

广东海上丝绸之路博物馆

广东民间工艺博物馆

中国客家博物馆

三元里人民抗英斗争纪念馆

广州起义纪念馆

广东革命历史博物馆

中华全国总工会旧址纪念馆

洪秀全故居纪念馆

珠海博物馆

汕头市博物馆

潮州博物馆

南澳县海防史博物馆

韶关市博物馆

河源市博物馆

蕉岭县博物馆

惠州博物馆

东莞市博物馆

中山市博物馆

江门市博物馆

湛江市博物馆

茂名市博物馆

肇庆市博物馆

清远市博物馆

广东省博物馆屹立于岭南大地，宛如一座璀璨的文化灯塔，汇聚着南粤乃至华夏的文化瑰宝，亦是推动学术研究与文化交流互鉴的前沿阵地。这件广宁玉雕材质珍稀、色彩温润，是现实中的广东名菜白切鸡在玉雕艺术中的完美展现。玉雕大师的技艺巧夺天工，将白切鸡惟妙惟肖地雕琢于玉石之上，鸡身轮廓饱满圆润，肌理细腻。整件作品历经岁月的洗礼仍光彩熠熠。

广宁玉雕

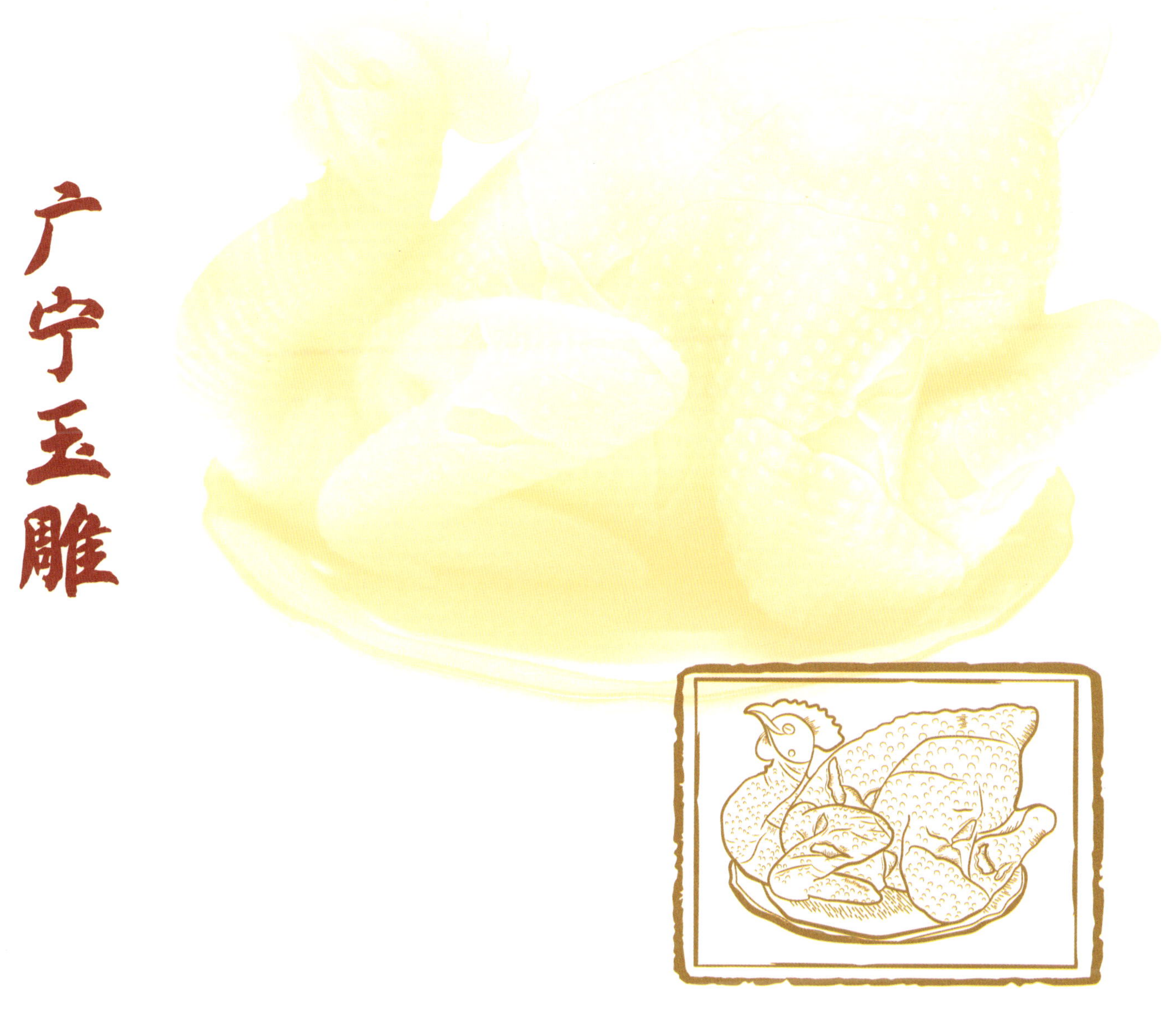

图书在版编目（CIP）数据

广东省博物馆 / 红糖美学著. -- 武汉：华中科技大学出版社，2025. 6. --（中国博物馆全书）.
ISBN 978-7-5772-1814-4

Ⅰ. G269.276.5

中国国家版本馆CIP数据核字第2025YE7253号

中国博物馆全书. 第三辑 广东省博物馆 红糖美学 著

Zhongguo Bowuguan Quanshu. Di-san Ji Guangdong Sheng Bowuguan

出版发行：华中科技大学出版社（中国·武汉） 电话：（027）81321913
华中科技大学出版社有限责任公司艺术分公司 （010）67326910-6023

出 版 人：阮海洪

责任编辑：张 颖 刘昊威 夏瑞付 林晓春 封面设计：魏 薇

责任监印：赵 月 张 丽

制 作：王玉平

印 刷：河北朗祥印刷有限公司

开 本：889mm × 1194mm 1/16

印 张：60

字 数：663千字

版 次：2025年6月第1版第1次印刷

定 价：998.00元（全10册）